힘내라! 독학 중국어 첫걸음

다락원 중국어출판부 편
정명숙 감수

미니북 • 여행 중국어

다락원

차례

01 공항에서 중국까지
기내, 세관, 공항 ·· 3

02 호텔에서
체크인·아웃, 불편사항, 룸서비스 ···························· 15

03 대중교통 이용하기
기차, 버스, 택시, 지하철 ······································· 29

04 식당에서
주문, 계산 ·· 45

05 쇼핑
물건 구입, 계산 ·· 59

06 편의시설 이용하기
전화하기, 우체국 이용, 환전하기 ···························· 71

07 관광
관광지 찾아가기, 버스 대절하기, 박물관 가기 ············· 87

08 중국 친구 사귀기
중국 가정 방문 ··· 99

09 긴급상황
여권이나 지갑 분실, 길을 잃었을 때, 병원·약국을 찾을 때 ·· 111

10 귀국
귀국 인사, 비행기표 예약·확인 ······························· 125

01 공항에서 중국까지

기내·세관·공항

🎧 들을 말

□ (당신의) 비행기표를 보여 주십시오.

<small>칭 게이 워 칸 이 시아 닌 더 지 피아오</small>
请给我看一下您的机票。
Qǐng gěi wǒ kàn yíxià nín de jīpiào.

👄 할 말

□ 여기 있습니다.

<small>쩌 스 워 더 지 피아오</small>
这是我的机票。
Zhè shì wǒ de jīpiào.

□ 제 자리는 어디입니까?

<small>워 더 쭈어웨이짜이 나-알</small>
我的座位在哪儿?
Wǒ de zuòwèi zài nǎr?

□ 실례합니다만 여기는 제 자리입니다.

<small>마 판 니 쩌 스 워 더 쭈어웨이</small>
麻烦你，这是我的座位。
Máfan nǐ, zhè shì wǒ de zuòwèi.

□ 저하고 자리 좀 바꿔 주시겠습니까?

<small>커 이 껀 워 환 쭈어웨이 마</small>
可以跟我换座位吗?
Kěyǐ gēn wǒ huàn zuòwèi ma?

제01장

공항에서

중국까지

기내, 세관, 공항

01 공항에서 중국까지

들을 말

□ 무엇을 마시겠습니까?

니 시앙 허 션 머
你想喝什么？
Nǐ xiǎng hē shénme?

할 말

□ 저는 커피 주세요.

칭 게이 워 카 페이
请给我咖啡。
Qǐng gěi wǒ kāfēi.

□ 저는 콜라 주세요.

워 야오 커 러
我要可乐。
Wǒ yào kělè.

□ 저는 생수 한 잔 더 주세요.

칭 짜이게이 워 이 뻬이 쾅 취엔슈에이
请再给我一杯矿泉水。
Qǐng zài gěi wǒ yì bēi kuàngquánshuǐ.

□ 멀미가 나는데 멀미약 좀 주세요.

워 요우 디-얼 윈 지 게이 워 윈 지 야오 하오 마
我有点儿晕机，给我晕机药，好吗？
Wǒ yǒudiǎnr yūnjī, gěi wǒ yūnjīyào, hǎo ma?

01 공항에서 중국까지

□ 한국 신문 있습니까?

요우 한 구어빠오메이요우
有韩国报没有?
Yǒu Hánguó bào méiyǒu?

□ 화장실이 어디에 있나요?

시 쇼우지엔짜이 나-알
洗手间在哪儿?
Xǐshǒujiān zài nǎr?

□ 베이징엔 몇 시에 도착합니까?

지 디엔따오베이 징
几点到北京?
Jǐ diǎn dào Běijīng?

들을 말

□ 정시에 도착합니다.

페이 지 준 스 따오 다
飞机准时到达。
Fēijī zhǔnshí dàodá.

□ 죄송합니다. 30분 연착될 것 같습니다.

뚜에이 부 치   완 디엔 빤 거 시아오 스
对不起，晚点半个小时。
Duìbuqǐ, wǎndiǎn bàn ge xiǎoshí.

□ 곧 착륙할 예정이니 안전벨트를 꼭 매어 주십시오.

콰이야오찌앙루어 러   칭 찌 하오 안 취엔따이
快要降落了，请系好安全带。
Kuàiyào jiàngluò le, qǐng jìhǎo ānquándài.

01 공항에서 중국까지

☐ 당신의 여권과 입국카드를 보여 주십시오.

칭 게이 워 칸 이 시아 닌 더 후짜오 허 루 징 카
请给我看一下您的护照和入境卡。
Qǐng gěi wǒ kàn yíxià nín de hùzhào hé rùjìngkǎ.

할 말

☐ 여기 있습니다.

짜이 쩌-얼
在这儿。
Zài zhèr.

들을 말

☐ 입국카드를 작성해 주십시오.

칭 바 루 징 카 티엔 이 시아
请把入境卡填一下。
Qǐng bǎ rùjìngkǎ tián yíxià.

할 말

☐ 입국카드는 이미 다 작성했습니다.

루 징 카 이 징 티엔하오 러
入境卡已经填好了。
Rùjìngkǎ yǐjing tiánhǎo le.

01 공항에서 중국까지

🎧 들을 말

□ 중국에 온 목적이 무엇입니까?

<ruby>你<rt>니</rt></ruby> <ruby>来<rt>라이</rt></ruby> <ruby>中国<rt>쭝 구어</rt></ruby> <ruby>的<rt>더</rt></ruby> <ruby>目的<rt>무 띠</rt></ruby> <ruby>是<rt>스</rt></ruby> <ruby>什么<rt>션 머</rt></ruby>?

你来中国的目的是什么?

Nǐ lái Zhōngguó de mùdì shì shénme?

👄 할 말

□ 관광(유학)하러 왔습니다.

라이 뤼 요우(리우쉬에)

来旅游(留学)。

Lái lǚyóu(liúxué).

🎧 들을 말

□ 중국에는 얼마 동안 머무실 예정입니까?

니 다 쏸 짜이 쭝 구어따이 지 티엔

你打算在中国呆几天?

Nǐ dǎsuan zài Zhōngguó dāi jǐ tiān?

👄 할 말

□ 일주일(한 달)이요.

이 거 씽 치 (이 거 위에)

一个星期(一个月)。

Yí ge xīngqī(yí ge yuè).

01 공항에서 중국까지

□ 짐은 어디서 찾습니까?

짜이 나-알 취 씽 리
在哪儿取行李?
Zài nǎr qǔ xíngli?

□ 제 짐을 찾을 수가 없습니다.

워 더 씽 리 자오 부 따오 러
我的行李找不到了。
Wǒ de xíngli zhǎo bú dào le.

들을 말

□ 어떤 짐입니까?

션 머 양 더 씽 리
什么样的行李?
Shénmeyàng de xíngli?

할 말

□ 검은색 트렁크와 파란색 배낭입니다.

이 거 헤이 써 더 피 시앙 허 이 거 란 써 더 뻬이빠오
一个黑色的皮箱和一个蓝色的背包。
Yí ge hēisè de píxiāng hé yí ge lánsè de bèibāo.

01 공항에서 중국까지

🎧 들을 말

□ 이 짐이 맞습니까?

쩌 거 씽 리 스 니 더 마
这个行李是你的吗?
Zhè ge xíngli shì nǐ de ma?

👄 할 말

□ 아니요. 이건 제 것이 아닌데요.

뿌 쩌 부 스 워 더
不。这不是我的。
Bù. Zhè bú shì wǒ de.

🎧 들을 말

□ 신고할 물품이 있습니까?

요우메이요우야오 션 빠오 더 똥 시
有没有要申报的东西?
Yǒu méiyǒu yào shēnbào de dōngxi?

👄 할 말

□ 네. 비디오카메라 한 대를 신고하려고 합니다.

요우 워 야오 션 빠오 이 타이 셔 시앙 지
有。我要申报一台摄像机。
Yǒu. Wǒ yào shēnbào yì tái shèxiàngjī.

01 공항에서 중국까지

🎧 들을 말

□ 이 가방 안에는 무엇이 있습니까?

<small>쩌 거 빠오 리 요우 션 머 똥 시</small>
这个包里有什么东西?
Zhè ge bāo lǐ yǒu shénme dōngxi?

👄 할 말

□ 제 옷가지와 일용품들이 있습니다.

<small>스 워 더 이 푸 허 르 용 핀</small>
是我的衣服和日用品。
Shì wǒ de yīfu hé rìyòngpǐn.

□ 이것은 친구에게 줄 선물입니다.

<small>쩌 스 쏭 게이 펑 요우 더 리 우</small>
这是送给朋友的礼物。
Zhè shì sòng gěi péngyou de lǐwù.

□ 환전을 하고 싶습니다.

<small>워 야오 환 디-얼 치엔</small>
我要换点儿钱。
Wǒ yào huàn diǎnr qián.

□ 여행자수표를 인민폐로 바꾸려고 합니다.

<small>워 야오 바 뤼 씽 즈 피아오 환 청 런 민 삐</small>
我要把旅行支票换成人民币。
Wǒ yào bǎ lǚxíng zhīpiào huànchéng Rénmínbì.

01 공항에서 중국까지

□ 공항버스는 여기에서 탑니까?

짜이 쩌-얼 쭈어 지 창 빠 스 마
在这儿坐机场巴士吗?
Zài zhèr zuò jīchǎng bāshì ma?

□ 베이징호텔까지 가는 버스가 있습니까?

요우메이요우카이 왕 베이 징 판 디엔 더 빠 스
有没有开往北京饭店的巴士?
Yǒu méiyǒu kāiwǎng Běijīng fàndiàn de bāshì?

□ 표는 얼마입니까?

피아오지아뚜어샤오치엔
票价多少钱?
Piàojià duōshao qián?

□ 어디에서 택시를 탑니까?

짜이 나-알 다 띠
在哪儿打的?
Zài nǎr dǎdī?

▶ 단어

한국어	중국어 (병음)
공항	机场 jīchǎng (지 창)
공항세	机场建设费 jīchǎng jiànshèfèi (지 창 찌엔 셔 페이)
공항 대합실	候机室 hòujīshì (호우 지 스)
탑승권	登机卡 dēngjīkǎ (떵 지 카)
탑승구	登机口 dēngjīkǒu (떵 지 코우)
여권	护照 hùzhào (후 짜오)
비자	签证 qiānzhèng (치엔 쩡)
입국카드	入境卡 rùjìngkǎ (루 징 카)
출국카드	出境卡 chūjìngkǎ (추 징 카)
이륙하다	起飞 qǐfēi (치 페이)
착륙하다	降落 jiàngluò (찌앙 루어)
스튜어디스	空中小姐 kōngzhōngxiǎojiě (콩 쫑 시아오지에)
시차	时差 shíchā (스 차)
흡연석	吸烟席 xīyānxí (시 이엔 시)
금연석	禁烟席 jìnyānxí (찐 이엔 시)
일반석 (이코노미클래스)	经济舱 jīngjìcāng (징 지 창)
비즈니스석	商务舱 shāngwùcāng (상 우 창)
일등석 (퍼스트클래스)	一等舱 yīděngcāng (이 덩 창)
안전벨트	安全带 ānquándài (안 취엔 따이)
담요	毯子 tǎnzi (탄 즈)

한국어	중국어 (병음)	한국어	중국어 (병음)
기내식	机餐 (jīcān) [지 찬]	산소마스크	氧气罩 (yǎngqìzhào) [양 치 짜오]
신문	报纸 (bàozhǐ) [빠오 즈]	구명조끼	救生衣 (jiùshēngyī) [찌우 셩 이]
잡지	杂志 (zázhì) [자 즈]	입국심사	入境检查 (rùjìngjiǎnchá) [루 징 지엔 차]
비행기멀미	晕机 (yūnjī) [윈 지]	세관	海关 (hǎiguān) [하이 관]
화장지	卫生纸 (wèishēngzhǐ) [웨이 셩 즈]	여행	旅行 (lǚxíng) [뤼 씽]
두통약	头痛药 (tóutòngyào) [토우 통 야오]	유학	留学 (liúxué) [리우 쉬에]
멀미봉투	清洁袋 (qīngjiédài) [칭 지에 따이]	사업	生意 (shēngyi) [셩 이]
카메라	照相机 (zhàoxiàngjī) [짜오 시앙 지]	면세	免税 (miǎnshuì) [미엔 슈에이]
리무진버스	机场大巴 (jīchǎngdàbā) [지 창 따 바]	담배	香烟 (xiāngyān) [시앙 이엔]
택시를 타다/잡지	打的 (dǎdī) [다 띠]	향수	香水 (xiāngshuǐ) [시앙 슈에이]

제02장

호텔에서

체크인·아웃, 불편사항, 룸서비스

02 호텔에서

체크인·아웃, 불편사항, 룸서비스

👄 할 말

□ 지금 방을 예약할 수 있을까요?

시엔짜이 커 이 위 띵 팡 지엔 마
现在可以预订房间吗?
Xiànzài kěyǐ yùdìng fángjiān ma?

□ 싱글룸을 하나 예약하고 싶습니다.

워 야오 띵 이 거 팡 지엔
我要订一个房间。
Wǒ yào dìng yí ge fángjiān.

👂 들을 말

□ 언제쯤 도착하시나요?

닌 따 까이 지 디엔따오
您大概几点到?
Nín dàgài jǐ diǎn dào?

👄 할 말

□ 오후 5시쯤 도착합니다.

시아 우 우 디엔주어요우
下午五点左右。
Xiàwǔ wǔ diǎn zuǒyòu.

02 호텔에서

🎧 들을 말

□ 얼마 동안 묵으실 겁니까?

닌 야오 쭈 지 티엔
您要住几天?
Nín yào zhù jǐ tiān?

👄 할 말

□ 내일부터 사흘간 묵을 예정입니다.

총 밍 티엔 치 쭈 싼 티엔
从明天起住三天。
Cóng míngtiān qǐ zhù sān tiān.

🎧 들을 말

□ 그렇다면 먼저 선금 100위엔을 내셔야 합니다.

나 머 시엔 야오 푸 이 바이 콰이 야 진
那么，先要付一百块押金。
Nàme, xiān yào fù yìbǎi kuài yājīn.

👄 할 말

□ 지금 방이 있습니까?

시엔짜이 요우 콩 팡 지엔메이요우
现在有空房间没有?
Xiànzài yǒu kòng fángjiān méiyǒu?

02 호텔에서

들을 말

□ 아니오. 지금 방이 하나도 없습니다.

　　메이요우　　팡 지엔또우 만 러
　　没有。房间都满了。
　　Méiyǒu. Fángjiān dōu mǎn le.

□ 있습니다. 무슨 방을 원하십니까?

　　요우　　닌 야오 션 머 양 더 팡 지엔
　　有。您要什么样的房间?
　　Yǒu. Nín yào shénmeyàng de fángjiān?

할 말

□ 싱글룸을 주십시오.

　　워 야오 딴 런 팡
　　我要单人房。
　　Wǒ yào dānrénfáng.

들을 말

□ 일반실을 원하십니까, 특실을 원하십니까?

　　닌 야오삐아오 준　팡 하이 스 하오 화　팡
　　您要标准房还是豪华房?
　　Nín yào biāozhǔnfáng háishi háohuáfáng?

02 호텔에서

🗣 할 말

- 일반실을 원합니다.

  <small>워 야오삐아오 준 팡</small>
  我要标准房。
  Wǒ yào biāozhǔnfáng.

- 욕실이 딸린 방을 주십시오.

  <small>칭 게이 워 따이 위 스 더 팡 지엔</small>
  请给我带浴室的房间。
  Qǐng gěi wǒ dài yùshì de fángjiān.

- 방값은 하루에 얼마입니까?

  <small>팡 지엔 이 티엔뚜어샤오치엔</small>
  房间一天多少钱？
  Fángjiān yì tiān duōshao qián?

- 방값이 너무 비싸군요.

  <small>팡 페이타이꾸에이 러</small>
  房费太贵了。
  Fángfèi tài guì le.

- 이 가격은 아침식사가 포함된 가격입니까?

  <small>쩌 팡 페이 리 빠오쿠어자오 찬 마</small>
  这房费里包括早餐吗？
  Zhè fángfèi lǐ bāokuò zǎocān ma?

- 좀 싼 방은 없습니까?

  <small>요우메이요우피엔 이 디-얼 더</small>
  有没有便宜点儿的？
  Yǒu méiyǒu piányi diǎnr de?

02 호텔에서

☐ 아침식사는 몇 시부터죠? 어디에서 하나요?

_{자오 찬 지 디엔카이 스 짜이 션 머 띠 팡}
早餐几点开始？在什么地方？
Zǎocān jǐ diǎn kāishǐ? Zài shénme dìfang?

☐ 아침식사는 예약을 해야 하나요?

_{츠 자오 찬 야오 띵 마}
吃早餐要订吗？
Chī zǎocān yào dìng ma?

☐ 아침식사는 뷔페입니까, 정식입니까?

_{자오 찬 스 쯔 쭈 찬 하이 스 타오 찬}
早餐是自助餐还是套餐？
Zǎocān shì zìzhùcān háishi tàocān?

☐ 내일 아침 6시 반에 모닝콜을 부탁합니다.

_{밍 티엔자오 샹 리우디엔 빤 찌아오 싱 워 하오 마}
明天早上六点半叫醒我，好吗？
Míngtiān zǎoshang liù diǎn bàn jiàoxǐng wǒ, hǎo ma?

☐ 방에 문제가 있으면 어떻게 연락합니까?

_{루 구어 팡 지엔요우 원 티 쩐 머 리엔 씨}
如果房间有问题，怎么联系？
Rúguǒ fángjiān yǒu wèntí, zěnme liánxì?

들을 말

☐ 0번을 누르시면 프론트로 연결됩니다.

_{안 링 찌우 푸 우 타이지에띠엔 화}
按零就服务台接电话。
Àn líng jiù fúwùtái jiē diànhuà.

02 호텔에서

할 말

- 엘리베이터는 어디서 탑니까?

  짜이 나-알 쭈어띠엔 티
  在哪儿坐电梯?
  Zài nǎr zuò diàntī?

- 짐을 방까지 옮겨 주세요.

  칭 빵 워 바 씽 리 빤 따오 팡 지엔 취
  请帮我把行李搬到房间去。
  Qǐng bāng wǒ bǎ xíngli bāndào fángjiān qù.

- 방이 마음에 안 드는데 바꿔 주시겠습니까?

  워 뿌 만 이 쩌 거 팡 지엔   커 이 환 마
  我不满意这个房间, 可以换吗?
  Wǒ bù mǎnyì zhè ge fángjiān, kěyǐ huàn ma?

- 텔레비전(스탠드)이 고장 났습니다.

  띠엔 스 지 (타이 떵)화이 러
  电视机(台灯)坏了。
  Diànshìjī(táidēng) huài le.

- 욕실에 따뜻한 물이 나오지 않습니다.

  위 스 리 메이요우 러 슈에이
  浴室里没有热水。
  Yùshì lǐ méiyǒu rèshuǐ.

- 변기가 막혔습니다.

  마 통 두 쭈 러
  马桶堵住了。
  Mǎtǒng dǔzhù le.

02 호텔에서

들을 말

□ 지금 바로 올라가서 확인하겠습니다.

칭 덩 이 시아   워 마 샹 취 지엔 차 팡 지엔
请等一下，我马上去检查房间。
Qǐng děng yíxià, wǒ mǎshàng qù jiǎnchá fángjiān.

할 말

□ 수건(비누)을 갖다 주시겠습니까?

칭 게이 워 이 티아오마오 진 (이 콰이페이짜오)
请给我一条毛巾(一块肥皂)。
Qǐng gěi wǒ yì tiáo máojīn(yí kuài féizào).

□ 열쇠를 방에 두고 문을 잠갔습니다.

야오 스   왕 짜이 팡 지엔 리 러
钥匙忘在房间里了。
Yàoshi wàng zài fángjiān lǐ le.

□ 호텔 안에 비즈니스 센터(커피숍)는 어디에 있습니까?

판 디엔 리 샹 우 쫑 신 (카 페이 팅)짜이 나-알
饭店里商务中心(咖啡厅)在哪儿？
Fàndiàn lǐ shāngwù zhōngxīn(kāfēitīng) zài nǎr?

02 호텔에서

들을 말

□ 비즈니스센터(커피숍)는 1층에 있습니다.

상 우 쭝 신 카 페이 팅   짜이 이 로우
商务中心(咖啡厅)在一楼。
Shāngwù zhōngxīn(kāfēitīng) zài yī lóu.

할 말

□ 그곳에서 인터넷을 할 수 있습니까?

짜이 나-알 커 이 샹 왕 마
在那儿可以上网吗?
Zài nàr kěyǐ shàngwǎng ma?

□ 604호실인데, 안심스테이크와 와인 한 병을 갖다 주세요.

쩌 리 스 리우링쓰하오   칭 게이 워 이 펀 니우파이 허 이 핑 푸 타오지우
这里是604号，请给我一份牛排和一瓶葡萄酒。
Zhèlǐ shì liù líng sì hào, qǐng gěi wǒ yí fèn niúpái hé yì píng pútáojiǔ.

□ 세탁물이 있는데 드라이클리닝을 해야 합니다.

요우 이 푸 야오 시   야오 깐 시
有衣服要洗，要干洗。
Yǒu yīfu yào xǐ, yào gānxǐ.

□ 저에게 온 메세지가 없었습니까?

칭 원   요우메이요우 워 더 리우이엔
请问，有没有我的留言?
Qǐngwèn, yǒu méiyǒu wǒ de liúyán?

02 호텔에서

□ 잠시 외출하려고 하는데, 열쇠는 어디에 두죠?

워 시앙 추 취 이 시아 야오 스 팡 짜이 나-알
我想出去一下，钥匙放在哪儿？
Wǒ xiǎng chūqù yíxià, yàoshi fàng zài nǎr?

들을 말

□ 카운터에 맡겨 놓으십시오.

팡 짜이 푸 우 타이찌우 씽
放在服务台就行。
Fàng zài fúwùtái jiù xíng.

할 말

□ 지금 팩스를 보낼 수 있을까요?

시엔짜이 커 이 파 촨 쩐 마
现在可以发传真吗？
Xiànzài kěyǐ fā chuánzhēn ma?

□ 국제전화를 걸고 싶습니다.

워 시앙 다 거 구어 지 띠엔 화
我想打个国际电话。
Wǒ xiǎng dǎ ge guójì diànhuà.

□ 오늘 체크아웃을 하려고 합니다.

찐 티엔 워 야오투에이 팡
今天我要退房。
Jīntiān wǒ yào tuìfáng.

02 호텔에서

□ 체크아웃은 몇 시까지입니까?

<small>커 이 따오 지 디엔투에이 팡</small>
可以到几点退房？
Kěyǐ dào jǐ diǎn tuìfáng?

□ 여행자수표(신용카드)도 받습니까?

<small>니 먼 지에쇼우 뤼 씽 즈 피아오 (신 용 카) 마</small>
你们接受旅行支票(信用卡)吗？
Nǐmen jiēshòu lǚxíng zhīpiào(xìnyòngkǎ) ma?

□ 여기서 환전할 수 있나요?

<small>쩌-얼 커 이 환 치엔 마</small>
这儿可以换钱吗？
Zhèr kěyǐ huànqián ma?

□ 달러를 인민폐로 바꾸려고 하는데요.

<small>워 야오 바 메이위엔 환 청 런 민 삐</small>
我要把美元换成人民币。
Wǒ yào bǎ Měiyuán huànchéng Rénmínbì.

들을 말

□ 얼마를 바꾸시려구요?

<small>니 야오 환 뚜어샤오</small>
你要换多少？
Nǐ yào huàn duōshao?

02 호텔에서

할 말

□ 1000달러 바꾸려고요.

환 이 치엔메이위엔
换一千美元。
Huàn yì qiān Měiyuán.

□ 택시를 불러 주시겠습니까?

칭 티 워 찌아오 추 쭈 처
请替我叫出租车。
Qǐng tì wǒ jiào chūzūchē.

▶단어

한국어	中文 (pinyin)	한국어	中文 (pinyin)
호텔	饭店 fàndiàn (판 디엔)	여권번호	护照号码 hùzhào hàomǎ (후 짜오 하오 마)
유스호스텔	青年招待所 qīngnián zhāodàisuǒ (칭 니엔 짜오 따이 쒀)	서명	签名 qiānmíng (치엔 밍)
프론트	服务台 fúwùtái (푸 우 타이)	모닝콜	叫醒服务 jiàoxǐng fúwù (찌아오 싱 푸 우)
예약하다	预订 yùdìng (위 띵)	로비	大厅 dàtīng (따 팅)
선금, 보증금	定金 / 押金 dìngjīn / yājīn (띵 진 / 야 진)	열쇠	钥匙 yàoshi (야오 스)
싱글룸	单人房 dānrénfáng (딴 런 팡)	엘리베이터	电梯 diàntī (띠엔 티)
트윈룸	双人房 shuāngrénfáng (슈왕 런 팡)	냉장고	冰箱 bīngxiāng (삥 시앙)
스위트룸	套间 tàojiān (타오 지엔)	옷장	衣柜 yīguì (이 꾸에이)
체크인	住房 zhùfáng (쭈 팡)	전구	灯泡 dēngpào (떵 파오)
체크아웃	退房 tuìfáng (투에이 팡)	스위치	开关 kāiguān (카이 관)

한국어	중국어 (병음)	한국어	중국어 (병음)
팁	시아오페이 小费 xiǎofèi	플러그	차 시아오 插销 chāxiāo
욕실	위 스 浴室 yùshì	변기	마 통 马桶 mǎtǒng
에어컨	콩 티아오 空调 kōngtiáo	수건	마오 진 毛巾 máojīn
히터	누안 치 暖气 nuǎnqì	칫솔	야 슈와 牙刷 yáshuā
텔레비전	띠엔 스 电视 diànshì	치약	야 까오 牙膏 yágāo
스탠드	타이 떵 台灯 táidēng	비누	페이짜오 肥皂 féizào
샴푸	시 파 이에 洗发液 xǐfàyè	룸서비스	커 팡 푸 우 客房服务 kèfáng fúwù
침대	촹 床 chuáng	커피숍	카 페이 팅 咖啡厅 kāfēitīng
침대시트	촹 딴 床单 chuángdān	뷔페	쯔 쭈 찬 自助餐 zìzhùcān
고장 나다	화이 러 추 마오 뼁 坏了 / 出毛病 huài le / chū máobìng	신용카드	신 용 카 信用卡 xìnyòngkǎ

제03장

대중교통

이용하기

기차, 버스, 택시, 지하철

03 대중교통 이용하기

기차, 버스, 택시, 지하철

😋 할 말

□ 기차역은 어디에 있습니까?

후어 처 짠 짜이 나-알
火车站在哪儿?
Huǒchēzhàn zài nǎr?

□ 매표소는 어디에 있습니까?

쇼우피아오 추 짜이 션 머 띠 팡
售票处在什么地方?
Shòupiàochù zài shénme dìfang?

□ 오늘 저녁 6시 상하이행 기차표 있습니까?

요우 찐 티엔 완 샹 리우디엔 쫑 취 상 하이 더 후어 처 피아오 마
有今天晚上6点钟去上海的火车票吗?
Yǒu jīntiān wǎnshang liù diǎn zhōng qù Shànghǎi de huǒchēpiào ma?

🎧 들을 말

□ 다 팔렸습니다. 저녁 8시 기차표는 있습니다.

마이 완 러   딴 스   요우 완 샹 빠디엔 더
卖完了。但是, 有晚上8点的。
Mài wán le. Dànshì, yǒu wǎnshang bā diǎn de.

03 대중교통 이용하기

🗣 할 말

□ 쿤밍까지 가는 기차표 2장 주십시오.

<small>마이 량 장 따오 쿤 밍 더 처 피아오</small>
买两张到昆明的车票。
Mǎi liǎng zhāng dào Kūnmíng de chēpiào.

□ 요금은 얼마입니까?

<small>피아오지아뚜어샤오치엔</small>
票价多少钱？
Piàojià duōshao qián?

□ 시안으로 가는 기차표는 어느 창구에서 팝니까?

<small>따오 시 안 더 피아오짜이 나 거 촹 코우마이</small>
到西安的票在哪个窗口卖？
Dào Xī'ān de piào zài nǎ ge chuāngkǒu mài?

□ 침대칸으로 한 장 주십시오.

<small>야오 이 장 워 푸 피아오</small>
要一张卧铺票。
Yào yì zhāng wòpùpiào.

□ 하단 침대로 주세요.

<small>야오시아 푸</small>
要下铺。
Yào xiàpù.

□ 꾸에이린 행 열차는 몇 번 승강장에서 출발합니까?

<small>취 꾸에이 린 더 총 지 하오 짠 타이 파 처</small>
去桂林的从几号站台发车？
Qù Guìlín de cóng jǐ hào zhàntái fāchē?

03 대중교통 이용하기

□ 다음 열차는 몇 시에 있습니까?

시아 빤 처 지 디엔카이
下班车几点开?
Xiàbānchē jǐ diǎn kāi?

□ 지나가게 좀 비켜 주십시오.

워 야오꾸어 취　 칭 랑 이 시아
我要过去，请让一下。
Wǒ yào guòqù, qǐng ràng yíxià.

□ 광저우까지 특급열차로 얼마나 걸립니까?

터 콰이따오 광 저우 쉬 야오뚜어 창 스 지엔
特快到广州需要多长时间?
Tèkuài dào Guǎngzhōu xūyào duōcháng shíjiān?

□ 표를 잃어버렸는데, 어떻게 하죠?

워 더 처 피아오띠우 러　 쩐 머 빤
我的车票丢了，怎么办?
Wǒ de chēpiào diū le, zěnme bàn?

들을 말

□ 저쪽 칸에서 다시 표를 사야 합니다.

야오짜이 나 거 처 시앙 부 피아오
要在那个车厢补票。
Yào zài nà ge chēxiāng bǔpiào.

03 대중교통 이용하기

🗣 할 말

- 자리 좀 바꿀 수 있을까요?

  ^{커 부 커 이 환 웨이 즈}
  可不可以换位子？
  Kě bu kěyǐ huàn wèizi?

- 식당차는 몇 호입니까?

  ^{지 하오 처 시앙 스 찬 처}
  几号车厢是餐车？
  Jǐ hào chēxiāng shì cānchē?

- 다음 역은 어디에요?

  ^{시아 이 짠 스 나-알}
  下一站是哪儿？
  Xià yí zhàn shì nǎr?

- 얼마나 정차하나요?

  ^{팅 뚜어지우}
  停多久？
  Tíng duōjiǔ?

- 베이징에는 언제 도착합니까?

  ^{션 머 스 호우따오 다 베이 징}
  什么时候到达北京？
  Shénme shíhou dàodá Běijīng?

03 대중교통 이용하기

🎧 들을 말

□ 도착했습니다. 내릴 준비하십시오.

<small>따오 러　　칭 준 뻬이시아 처</small>
到了，请准备下车。
Dào le, qǐng zhǔnbèi xià chē.

👄 할 말

□ 버스정류장이 어디에 있습니까?

<small>치 처 짠 짜이 나-알</small>
汽车站在哪儿?
Qìchēzhàn zài nǎr?

□ 왕푸징까지 가려면 몇 번 버스를 타야 합니까?

<small>취 왕 푸 징 야오쭈어 지 루 처</small>
去王府井要坐几路车?
Qù Wángfǔjǐng yào zuò jǐ lù chē?

🎧 들을 말

□ 7번 버스를 타십시오.

<small>쭈어 치 루 처</small>
坐七路车。
Zuò qī lù chē.

03 대중교통 이용하기

🗣 할 말

□ (이 버스는) 고궁박물관에 갑니까?

따오 꾸 꽁 보 우 관 마
到故宫博物馆吗?
Dào Gùgōng bówùguǎn ma?

🎧 들을 말

□ 갑니다. 타세요.

따오   칭 샹 처 바
到，请上车吧。
Dào, qǐng shàng chē ba.

🗣 할 말

□ 티엔안먼까지 몇 정거장 남았습니까?

따오티엔 안 먼 야오쭈어 지 짠
到天安门要坐几站?
Dào Tiān'ānmén yào zuò jǐ zhàn?

🎧 들을 말

□ 다섯 정거장 남았습니다.

하이요우 우 짠
还有五站。
Hái yǒu wǔ zhàn.

03 대중교통 이용하기

🗣 할 말

□ 도착하면 저에게 알려 주십시오.

따오 러 칭 까오 수 워 이 시아
到了请告诉我一下。
Dào le qǐng gàosu wǒ yíxià.

👂 들을 말

□ 도착했어요. 내리세요.

따오 러　시아 처 바
到了，下车吧。
Dào le, xià chē ba.

🗣 할 말

□ 죄송합니다만 좀 비켜 주세요. 내려야 해요.

뿌 하오 이 쓰　칭 랑 이 시아　워 야오시아 처
不好意思，请让一下，我要下车。
Bùhǎoyìsi, qǐng ràng yíxià, wǒ yào xià chē.

□ 다음 정류장은 어디인가요?

시아 이 짠 스 나-알
下一站是哪儿？
Xià yí zhàn shì nǎr?

03 대중교통 이용하기

☐ 이런! 정류장을 지나치고 말았습니다.

짜오까오　워 꾸어 짠 러
糟糕！我过站了。
Zāogāo! Wǒ guò zhàn le.

들을 말

☐ 길을 건너서 버스를 타세요.

칭 꾸어 마 루 쭈어 처
请过马路坐车。
Qǐng guò mǎlù zuò chē.

할 말

☐ 택시 타는 곳은 어디입니까?

추 쭈 처 짠 짜이 나 리
出租车站在哪里？
Chūzūchēzhàn zài nǎlǐ?

들을 말

☐ 어디까지 가십니까?

닌 야오 취 나-알
您要去哪儿？
Nín yào qù nǎr?

03 대중교통 이용하기

할 말

□ 베이징역까지 가 주십시오.

칭 따오베이 징 짠
请到北京站。
Qǐng dào Běijīngzhàn.

□ 요금은 얼마나 나올까요?

처 페이야오뚜어샤오치엔
车费要多少钱?
Chēfèi yào duōshao qián?

□ 기차시간이 촉박한데 좀 서둘러 주시겠습니까?

워 파 간 부 샹 후어 처   칭 콰이 디-얼 하오 마
我怕赶不上火车，请快点儿好吗?
Wǒ pà gǎnbushàng huǒchē, qǐng kuài diǎnr hǎo ma?

□ 에어컨 좀 틀어 주세요.

칭 바 콩 티아오 다 카이
请把空调打开。
Qǐng bǎ kōngtiáo dǎkāi.

□ 사거리에서 좌회전(우회전)하면 됩니다.

짜이 스 쯔 루 코우주어과이(요우과이)찌우따오 러
在十字路口左拐(右拐)就到了。
Zài shízìlùkǒu zuǒ guǎi(yòu guǎi) jiù dào le.

□ 여기 세워 주세요.

짜이 쩌-얼 팅 이 시아
在这儿停一下。
Zài zhèr tíng yíxià.

택시

2016년 기준 베이징의 택시 기본요금은 3km에 13위엔이고 1km에 2.3위엔씩 부과되며 계산 시 유류비 1위엔이 추가됩니다.

지하철

얼마 전까지만 해도 베이징, 상하이, 광저우 등 대도시에만 지하철이 개통되어 있었지만 현재 점점 더 많은 도시들에 지하철이 신규로 개통되고 있습니다.

자전거

자전거의 천국이라는 명성에 걸맞게 중국 곳곳에서 자전거를 타고 다니는 사람들을 볼 수 있습니다.

삼륜차

자전거나 오토바이 뒤에 수레를 달고 운영하는 인력거와 비슷한 교통수단으로 가까운 거리를 이동할 때 좋습니다.

03 대중교통 이용하기

□ **신호등 앞에서 세워 주세요.**

짜이 홍 뤼 떵 나-알 팅 처 바
在红绿灯那儿停车吧。
Zài hónglǜdēng nàr tíng chē ba.

□ **거스름돈은 됐습니다.**

부 용 자오 러
不用找了。
Búyòng zhǎo le.

□ **지하철역은 어떻게 갑니까?**

띠 티에 짠 쩐 머 조우
地铁站怎么走?
Dìtiězhàn zěnme zǒu?

□ **매표소는 어디에 있습니까?**

쇼우피아오 추 짜이 나-알
售票处在哪儿?
Shòupiàochù zài nǎr?

□ **시즈먼역까지 차표는 얼마입니까?**

따오 시 즈 먼 뚜어샤오치엔
到西直门多少钱?
Dào Xīzhímén duōshao qián?

□ **3장 주십시오.**

마이 싼 장 피아오
买三张票。
Mǎi sān zhāng piào.

03 대중교통 이용하기

☐ 이허위엔에 가려면 몇 호선을 타야 됩니까?

_{따오 이 허 위엔　야오쭈어 지 하오시엔}
到颐和园，要坐几号线？
Dào Yíhéyuán, yào zuò jǐ hào xiàn?

☐ 다음 역은 어디입니까?

_{시아 이 짠 스 션 머 짠}
下一站是什么站？
Xià yí zhàn shì shénme zhàn?

☐ 왕푸징에 가려면 어디에서 차를 갈아타야 합니까?

_{야오 취 왕 푸 징　짜이 나-알 환 처}
要去王府井，在哪儿换车？
Yào qù Wángfǔjǐng, zài nǎr huàn chē?

☐ 런민광장 쪽 출구는 몇 번입니까?

_{런 민 광 창 팡 시앙 더 추 코우 스 지 하오}
人民广场方向的出口是几号？
Rénmín guǎngchǎng fāngxiàng de chūkǒu shì jǐ hào?

▶단어

한국어	중국어 (병음)
기차	火车 huǒchē (후어 처)
버스	公共汽车 gōnggòngqìchē (꽁 꽁 치 처)
2층버스	双层大巴 shuāngcéngdàbā (슈왕 청 따 바)
택시	出租车 chūzūchē (추 쭈 처)
지하철	地铁 dìtiě (띠 티에)
오토바이	摩托车 mótuōchē (모 투어 처)
장거리버스	长途汽车 chángtú qìchē (창 투 치 처)
매표소	售票处 shòupiàochù (쇼우피아오 추)
차표	车票 chēpiào (처 피아오)
대합실	候车室 hòuchēshì (호우 처 스)
종착역	终点站 zhōngdiǎnzhàn (쫑 디엔 짠)
차비	票价 piàojià (피아오지아)
창구	窗口 chuāngkǒu (촹 코우)
개찰구	检票处 jiǎnpiàochù (지엔피아오 추)
편도표	单程票 dānchéngpiào (딴 청 피아오)
왕복표	往返票 wǎngfǎnpiào (왕 판 피아오)
플랫폼	月台 yuètái (위에 타이)
시각표	时刻表 shíkèbiǎo (스 커 비아오)
줄서다	排队 páiduì (파이뚜에이)
환불	退票 tuìpiào (투에이피아오)

한국어	중국어	한국어	중국어
정류장	车站 chēzhàn (처 짠)	손잡이	吊环 diàohuán (띠아오 환)
표를 다시 사다	补票 bǔpiào (부 피아오)	정류장 표지판	站牌 zhànpái (짠 파이)
열차승무원	列车员 lièchēyuán (리에 처 위엔)	빈차	空车 kōngchē (콩 처)
특급열차	特快 tèkuài (터 콰이)	운전사	司机 sījī (쓰 지)
직행열차	直快 zhíkuài (즈 콰이)	신호등	红绿灯 hónglǜdēng (홍 뤼 떵)
급행열차	普快 pǔkuài (푸 콰이)	사거리	十字路口 shízìlùkǒu (스 쯔 루 코우)
완행열차	慢车 mànchē (만 처)	거스름돈	找钱 zhǎoqián (자오 치엔)
식당칸	餐车 cānchē (찬 처)	미터기	计程器 jìchéngqì (찌 청 치)
첫차	首班车 shǒubānchē (쇼우 빤 처)	러시아워	高峰时间 gāofēng shíjiān (까오 펑 스 지엔)
막차	末班车 mòbānchē (모 빤 처)	택시를 대절하다	包车 bāo chē (빠오 처)

| 주차장 | 停车场 tíngchēchǎng (팅 처 창) | 주유소 | 加油站 jiāyóuzhàn (찌아요우 짠) |

중국의 기차 좌석

롼워 软卧 ruǎnwò
고급 침대칸. 보통 열차의 한 량을 차지하며 한 방에 2층침대가 2개씩 놓여 있다. 표값이 비싸기 때문에 주로 외국인이나 간부 등 상류층들이 많이 이용한다.

잉워 硬卧 yìngwò
일반 침대칸. 밤을 새서 기차를 타고 가는 승객들이 주로 이용하며 3층침대가 마주보며 놓여 있다. 외국인들이 여행할 때 가장 애용하는 자리이다.

롼쭈어 软座 ruǎnzuò
고급 좌석칸. 일반적으로 3시간 이내의 단거리 열차에만 있으며, 잉쭈어보다 푹신한 좌석이 제공된다.

잉쭈어 硬座 yìngzuò
일반 좌석칸. 중국 기차의 가장 보편적인 좌석이다. 이름 그대로 딱딱한 느낌의 좌석이 제공된다. 중국 대륙을 여행하면서 한번쯤은 경험하게 되는 좌석칸으로, 앉아서 10시간이고 20시간이고 가야만 한다. 타 본 사람만이 아는 고역이지만, 이런 경험도 중국이라는 대륙을 이해하는 데 도움이 된다.

제04장

식당에서

주문, 계산

04 식당에서

주문, 계산

🗣 할 말

□ 이 지방의 유명한 요리는 무엇입니까?

쩌 거 띠 팡 요우 션 머 밍 차이
这个地方有什么名菜？
Zhè ge dìfang yǒu shénme míngcài?

□ 이 근처에 한국음식점이 있습니까?

쩌-얼 푸 진 요우 한 구어 찬 팅 마
这儿附近有韩国餐厅吗？
Zhèr fùjìn yǒu Hánguó cāntīng ma?

□ 맛집이 있으면 좀 소개해 주세요.

찌에샤오 이 시아 비 지아오하오 츠 더 찬 팅
介绍一下比较好吃的餐厅。
Jièshào yíxià bǐjiào hǎochī de cāntīng.

□ 음식값이 저렴한 식당이 있습니까?

요우메이요우지아치엔 부 쏸 꾸에이 더 찬 팅
有没有价钱不算贵的餐厅？
Yǒu méiyǒu jiàqián búsuàn guì de cāntīng?

□ 자리를 예약하고 싶습니다.

워 야오 위 띵 쭈어웨이
我要预订座位。
Wǒ yào yùdìng zuòwèi.

04 식당에서

들을 말

□ 몇 분이십니까?

니 먼 지 웨이
你们几位?
Nǐmen jǐ wèi?

할 말

□ 7명입니다. 내일 저녁 6시로 예약할게요.

치 거   띵 짜이 밍 완 리우디엔
七个。订在明晚六点。
Qī ge. Dìng zài míngwǎn liù diǎn.

□ 지금 자리가 있습니까?

시엔짜이요우웨이 즈 마
现在有位子吗?
Xiànzài yǒu wèizi ma?

들을 말

□ 예약을 하셨습니까?

니 위 띵 러 마
你预订了吗?
Nǐ yùdìng le ma?

04 식당에서

🗨️ 할 말

□ 예, 어제 예약했습니다.

_{뚜에이 주어티엔 띵 러}
对。昨天订了。
Duì. Zuótiān dìng le.

👂 들을 말

□ 저를 따라 오십시오.

_{칭 껀 워 라이}
请跟我来。
Qǐng gēn wǒ lái.

□ 주문하시겠습니까?

_{니 라이 디-얼 션 머}
你来点儿什么？
Nǐ lái diǎnr shénme?

🗨️ 할 말

□ 먼저 좀 살펴보고 잠시 후에 주문하겠습니다.

_{시엔 칸 이 칸 덩 이 후-얼 디엔차이}
先看一看，等一会儿点菜。
Xiān kàn yi kàn, děng yíhuìr diǎncài.

04 식당에서

□ 메뉴판 좀 보여 주세요.

게이 워 칸 칸 차이 딴
给我看看菜单。
Gěi wǒ kànkan càidān.

□ 몇 가지 추천해 주시겠습니까?

니 커 이 투에이지엔 이 시에 마
你可以推荐一些吗？
Nǐ kěyǐ tuījiàn yìxiē ma?

□ 이 식당에서 가장 잘하는 요리는 무엇입니까?

니 먼 쩌-얼 쭈에이 나 쇼우차이 스 션 머
你们这儿最拿手菜是什么？
Nǐmen zhèr zuì náshǒucài shì shénme?

들을 말

□ 여기는 쓰촨요리 전문점입니다.

워 먼 더 쓰 촨 차이 부 추어
我们的四川菜不错。
Wǒmen de Sìchuāncài búcuò.

할 말

□ 이 요리는 금방 되나요?

쩌 거 차이 넝 마 샹 쭈어하오 마
这个菜能马上做好吗？
Zhè ge cài néng mǎshàng zuòhǎo ma?

04 식당에서

- 세 명이 먹기에 충분한가요?

  싼 거 런 넝 츠 마
  三个人能吃吗？
  Sān ge rén néng chī ma?

- 우선 이것만 주세요.

  시엔 쩌 양 바
  先这样吧。
  Xiān zhèyàng ba.

- 왜 요리가 아직 안 나오죠?

  차이 쩐 머 하이메이라이 야
  菜怎么还没来呀？
  Cài zěnme hái méi lái ya?

- 저쪽 테이블에서 먹는 음식은 이름이 뭐죠?

  나 비엔 타 먼 츠 더 차이찌아오 션 머
  那边他们吃的菜叫什么？
  Nàbiān tāmen chī de cài jiào shénme?

- 너무 매워요(짜요). 물 좀 주십시오.

  타이 라 (시엔)　 칭 게이 워 이 뻬이슈에이
  太辣(咸)。请给我一杯水。
  Tài là(xián). Qǐng gěi wǒ yì bēi shuǐ.

- 베이징카오야는 어느 식당이 잘합니까?

  나 거 찬 팅 베이 징 카오 야 하오 츠
  哪个餐厅北京烤鸭好吃？
  Nǎ ge cāntīng Běijīng kǎoyā hǎochī?

04 식당에서

들을 말

□ 음료를 주문하시겠습니까?

야오 부 야오 인 리아오
要不要饮料？
Yào bu yào yǐnliào?

할 말

□ 맥주 2병 주십시오.

라이 량 핑 피 지우
来两瓶啤酒。
Lái liǎng píng píjiǔ.

□ 여기 공부가주 한 병 더 주십시오.

칭 짜이라이 이 핑 콩 푸 지아지우
请再来一瓶孔府家酒。
Qǐng zài lái yì píng kǒngfǔjiājiǔ.

□ 얼음 채워서 주세요.

야오 삥 쩐 더
要冰镇的。
Yào bīngzhèn de.

□ 아가씨 빨리 요리를 가져다 주세요.

시아오지에   칭 콰이 디-얼 상 차이 바
小姐，请快点儿上菜吧。
Xiǎojiě, qǐng kuài diǎnr shàngcài ba.

04 식당에서

□ 주문한 요리가 아직도 안 나왔습니다.

워 디엔 더 차이하이메이라이
我点的菜还没来。
Wǒ diǎn de cài hái méi lái.

들을 말

□ 조금만 더 기다려 주십시오. 곧 나옵니다.

칭 샤오 덩 이 시아 마 샹 찌우라이
请稍等一下。马上就来。
Qǐng shāo děng yíxià. Mǎshàng jiù lái.

할 말

□ 밥을 먼저 갖다 주세요.

시엔 샹 미 판 하오 마
先上米饭好吗?
Xiān shàng mǐfàn hǎo ma?

□ 이것은 제가 주문한 요리가 아닌데요.

쩌 부 스 워 디엔 더 차이
这不是我点的菜。
Zhè bú shì wǒ diǎn de cài.

□ 소금(후추, 간장, 고춧가루) 좀 갖다 주세요.

게이 워 옌 (후 지아오 펀 찌앙요우 라 지아오 펀)하오 마
给我盐(胡椒粉, 酱油, 辣椒粉)好吗?
Gěi wǒ yán(hújiāofěn, jiàngyóu, làjiāofěn) hǎo ma?

04 식당에서

- 이쑤시개(물수건) 좀 주십시오.

  칭 게이 워 야 치엔(스 진)
  请给我牙签(湿巾)。
  Qǐng gěi wǒ yáqiān(shījīn).

- 향채는 제발 넣지 말아 주세요.

  치엔 완 부 야오 팡 시앙차이
  千万不要放香菜。
  Qiānwàn búyào fàng xiāngcài.

- 요리가 아주 맛있습니다.

  쩌 거 차이 헌 하오 츠
  这个菜很好吃。
  Zhè ge cài hěn hǎochī.

- 이 요리의 재료는 무엇입니까?

  쩌 거 차이 더 차이리아오 스 션 머
  这个菜的材料是什么?
  Zhè ge cài de cáiliào shì shénme?

들을 말

- 닭(소, 돼지)고기입니다.

  지 (니우   쭈)로우
  鸡(牛 , 猪)肉。
  Jī(niú, zhū)ròu.

04 식당에서

😊 할 말

□ 저는 고기를 안 먹습니다. 야채요리를 주십시오.

_{워 뿌 츠 로우 칭 게이 워 쑤 차이}
我不吃肉，请给我素菜。
Wǒ bù chī ròu, qǐng gěi wǒ sùcài.

□ 이 요리가 식었는데 다시 데워 주시겠어요?

_{쩌 거 차이 이 징 량 러 짜이 러 이 시아하오 마}
这个菜已经凉了，再热一下好吗？
Zhè ge cài yǐjing liáng le, zài rè yíxià hǎo ma?

□ 여기에 뜨거운 물을 좀 더 부어 주세요.

_{쩌 리 지아 디-얼 카이슈에이하오 마}
这里加点儿开水好吗？
Zhèlǐ jiā diǎnr kāishuǐ hǎo ma?

□ 포장해 주세요.

_{칭 다 빠오}
请打包。
Qǐng dǎbāo.

□ 모두 얼마입니까?

_{이 꽁 뚜어샤오치엔}
一共多少钱？
Yígòng duōshao qián?

□ 계산서 좀 주시겠습니까?

_{칭 나 짱 딴 라이}
请拿帐单来。
Qǐng ná zhàngdān lái.

04 식당에서

□ 계산이 잘못된 것 같은데요. 이것은 무슨 금액입니까?

니 먼 하오시앙 쑤안 추어 러   쩌 스 션 머 치엔
你们好像算错了，这是什么钱？
Nǐmen hǎoxiàng suàn cuò le, zhè shì shénme qián?

들을 말

□ 서비스 요금입니다.

쩌 스 푸 우 페이
这是服务费。
Zhè shì fúwùfèi.

할 말

□ 가격이 너무 비쌉니다. 제대로 계산하셨나요?

타이꾸에이 러   니 쑤안 뚜에이 러 마
太贵了。你算对了吗？
Tài guì le. Nǐ suàn duì le ma?

들을 말

□ 맞습니다. 여기 계산서를 보십시오.

쑤안 뚜에이 러   칭 칸 이 시아 짱 딴
算对了。请看一下帐单。
Suàn duì le. Qǐng kàn yíxià zhàngdān.

04 식당에서

😊 할 말

□ 영수증 좀 주시겠습니까?

칭 카이쇼우 쥐
请开收据。
Qǐng kāi shōujù.

□ 신용카드도 받습니까?

쩌 리 커 이 슈와 카 마
这里可以刷卡吗?
Zhèlǐ kěyǐ shuā kǎ ma?

👂 들을 말

□ 죄송합니다. 저희는 현금만 받습니다.

뚜에이 부 치   워 먼 즈 쇼우시엔 진
对不起, 我们只收现金。
Duìbuqǐ, wǒmen zhǐ shōu xiànjīn.

😊 할 말

□ 오늘은 제가 한턱내겠습니다.

찐 티엔 워 라이 칭 커
今天我来请客。
Jīntiān wǒ lái qǐngkè.

▶단어

한국어	중국어 (병음)
식당	餐厅 / 饭馆儿 cāntīng / fànguǎnr
술집	酒馆儿 jiǔguǎnr
예약하다	预订 yùdìng
중국요리	中国菜 Zhōngguócài
서양요리	西餐 xīcān
특별요리	拿手菜 náshǒucài
주문하다	点菜 diǎncài
메뉴	菜单 càidān
달다	甜 tián
짜다	咸 xián
맵다	辣 là
시다	酸 suān
쓰다	苦 kǔ
떫다	涩 sè
비리다	腥 xīng
느끼하다	腻 nì
종업원	服务员 fúwùyuán
평소 집에서 먹는 음식	家常便饭 jiāchángbiànfàn
어서 오십시오	欢迎光临 huānyíngguānglín
밥	米饭 mǐfàn

밀가루 음식	미엔 스	面食 miànshí		부엌칼	차이 따오	菜刀 càidāo
야식	이에시아오	夜宵 yèxiāo		맛	웨이 따오	味道 wèidao
라면	팡 비엔 미엔	方便面 fāngbiànmiàn		간식	디엔 씬	点心 diǎnxin
차	차	茶 chá		패스트푸드	콰이 찬	快餐 kuàicān
젓가락	콰이 즈	筷子 kuàizi		끓인 물	카이슈에이	开水 kāishuǐ
스푼	샤오 즈	勺子 sháozi		계산서	짱 딴	帐单 zhàngdān
포크	차 즈	叉子 chāzi		영수증	쇼우 쥐	收据 shōujù
큰 접시	판 즈	盘子 pánzi		카운터	꾸에이타이	柜台 guìtái
작은 접시	디에 즈	碟子 diézi		계산하다	지에 짱 / 쏸 짱	结帐 / 算帐 jiézhàng / suànzhàng

제05장

쇼핑

물건 구입, 계산

05 쇼핑

물건 구입, 계산

할 말

□ 백화점(수퍼마켓)은 어디에 있습니까?

바이후어 따 로우(차오 지 스 창)짜이 나-알
百货大楼(超级市场)在哪儿?
Bǎihuòdàlóu(chāojíshìchǎng) zài nǎr?

□ 남성복은 몇 층입니까?

난 좡 스 지 로우
男装是几楼?
Nánzhuāng shì jǐ lóu?

□ 이것 좀 보여 주시겠습니까?

게이 워 칸 칸 쩌 거
给我看看这个。
Gěi wǒ kànkan zhè ge.

□ 이 티셔츠는 얼마입니까?

쩌 지엔 티 쉬 뚜어샤오치엔
这件T恤多少钱?
Zhè jiàn T xù duōshao qián?

□ 드라이클리닝을 해야 합니까?

야오 깐 시 마
要干洗吗?
Yào gānxǐ ma?

05 쇼핑

들을 말

□ 사이즈가 어떻게 되세요?

니 촨 지 하오
你穿几号?
Nǐ chuān jǐ hào?

할 말

□ 탈의실은 어디입니까?

껑 이 스 짜이 나-알
更衣室在哪儿?
Gēngyīshì zài nǎr?

□ 좀 헐렁하네요.

요우 디-얼 페이
有点儿肥。
Yǒudiǎnr féi.

□ 다른 디자인(사이즈)은 없습니까?

요우 메이 요우 비에 더 콴 스 (츠 춘)
有没有别的款式(尺寸)?
Yǒu méiyǒu biéde kuǎnshì(chǐcun)?

□ 이 상품들은 세일하지 않습니까?

쩌 시에 샹 핀 다 부 다 저
这些商品打不打折?
Zhè xiē shāngpǐn dǎ bu dǎzhé?

05 쇼핑

□ 그냥 구경 좀 할게요.

즈 스 칸 칸
只是看看。
Zhǐshì kànkan.

□ 중국에서도 유명브랜드가 유행인가요?

쭝 구어이에리우 씽 밍 파-알 마
中国也流行名牌儿吗?
Zhōngguó yě liúxíng míngpáir ma?

□ 이 제품은 믿을 수 있습니까?

쩌 거 샹 핀 스 쩐후어 마
这个商品是真货吗?
Zhè ge shāngpǐn shì zhēnhuò ma?

□ 별로 마음에 들지 않습니다.

쩐 머 칸 이에메이 칸 샹
怎么看也没看上。
Zěnme kàn yě méi kànshang.

□ 물건값이 좀 싼 가게는 어디입니까?

지아치엔 비 지아오피엔 이 더 샹 디엔짜이 나-알
价钱比较便宜的商店在哪儿?
Jiàqián bǐjiào piányi de shāngdiàn zài nǎr?

□ 이 근처에 편의점이 있습니까?

푸 진 요우메이요우삐엔 리 디엔
附近有没有便利店?
Fùjìn yǒu méiyǒu biànlìdiàn?

05 쇼핑

□ 중국 특산품(기념품)을 사려면 어디로 가야 합니까?

짜이 나-알 커 이 마이 쫑 구어 터 찬 핀 (지 니엔 핀)
在哪儿可以买中国特产品(纪念品)？
Zài nǎr kěyǐ mǎi Zhōngguó tèchǎnpǐn(jìniànpǐn)?

□ 이 진주 좀 보여 주세요.

칭 게이 워 칸 칸 쩌 시에 쩐 쭈
请给我看看这些珍珠。
Qǐng gěi wǒ kànkan zhè xiē zhēnzhū.

□ 좀더 큰 것은 없습니까?

요우메이요우 따 이 디엔 더
有没有大一点的？
Yǒu méiyǒu dà yìdiǎn de?

□ 야시장은 몇 시에 여나요?

이에 스 지 디엔카이
夜市几点开？
Yèshì jǐ diǎn kāi?

□ 야시장에는 어떤 볼거리가 있나요?

이에 스 요우 선 머 커 칸 더 후어 똥
夜市有什么可看的活动？
Yèshì yǒu shénme kěkàn de huódòng?

≥◎ 들을 말

□ 중국 토산품은 선물용으로 많이 사십니다.

헌 뚜어 런 마이 투 찬 핀 쏭 리
很多人买土产品送礼。
Hěn duō rén mǎi tǔchǎnpǐn sònglǐ.

05 쇼핑

할 말

□ 가장 인기 있는 차는 무엇입니까?

쭈에이쇼우 환 잉 더 차 이에스 션 머
最受欢迎的茶叶是什么?
Zuì shòu huānyíng de cháyè shì shénme?

□ 쟈스민차(롱징차)는 어떻게 팝니까?

모 리 화 (롱 징) 차 쩐 머 마이
茉莉花(龙井)茶怎么卖?
Mòlìhuā(lóngjǐng) chá zěnme mài?

들을 말

□ 한 근(500g)에 20위엔입니다.

이 진 얼 스 콰이
一斤二十块。
Yì jīn èrshí kuài.

할 말

□ 너무 비쌉니다. 조금만 깎아 주십시오.

타이꾸에이 러   피엔 이 디-얼 바
太贵了，便宜点儿吧。
Tài guì le, piányi diǎnr ba.

05 쇼핑

🎧 들을 말

□ 이건 최상품이라 비싼 게 아닙니다.

부 쏸 꾸에이 러   쩌 스 쭈에이까오 지 더
不算贵了，这是最高级的。
Búsuàn guì le, zhè shì zuì gāojí de.

👄 할 말

□ 이것은 진짜 핸드메이드입니까?

쩌 쩐 더 스 쇼우 꽁 쭈어 더 마
这真的是手工做的吗?
Zhè zhēnde shì shǒugōng zuò de ma?

🎧 들을 말

□ 중국의 수공예품 중 경태람, 당삼채 등이 유명합니다.

쫑 구어 꽁 이 핀 땅 쭝 징 타이 란   탕 싼 차이 헌 요우 밍
中国工艺品当中景泰蓝、唐三彩很有名。
Zhōngguó gōngyìpǐn dāngzhōng jǐngtàilán, tángsāncǎi hěn yǒumíng.

👄 할 말

□ 더 싼 것을 보여주시겠습니까?

게이 워 칸 이 시아피엔 이 디-얼 더
给我看一下便宜点儿的。
Gěi wǒ kàn yíxià piányi diǎnr de.

05 쇼핑

☐ 저 가게에서는 좀 싸던데요.

나 지아 샹 디엔하이피엔 이 디-얼
那家商店还便宜点儿。
Nà jiā shāngdiàn hái piányi diǎnr.

☐ 좀 싸게 해 주세요.

넝 부 넝 피엔 이 디-얼
能不能便宜点儿?
Néng bu néng piányi diǎnr?

☐ 많이 사면 좀 깎아 주나요?

뚜어마이 지 거 커 이 피엔 이 디-얼 마
多买几个可以便宜点儿吗?
Duō mǎi jǐ ge kěyǐ piányi diǎnr ma?

☐ 다른 곳도 둘러보고 올게요.

취 비에 더 띠 팡 칸 칸 짜이슈어
去别的地方看看再说。
Qù biéde dìfang kànkan zài shuō.

☐ 좀 더 둘러보고 결정하겠습니다.

뚜어 칸 칸 짜이쥐에 딩
多看看再决定。
Duō kànkan zài juédìng.

☐ 다음에 다시 오겠습니다.

시아 츠 짜이라이마이
下次再来买。
Xiàcì zài lái mǎi.

01 공항에서 중국까지

☐ 모두 얼마입니까?

<small>이 꽁 뚜어샤오치엔</small>
一共多少钱？
Yígòng duōshao qián?

☐ 물건이 이상하면 나중에 바꾸러 와도 됩니까?

<small>요우 원 티   커 이 라이 환 마</small>
有问题，可以来换吗？
Yǒu wèntí, kěyǐ lái huàn ma?

☐ 포장을 좀 해 주세요.

<small>칭 빠오 쫭 이 시아</small>
请包装一下。
Qǐng bāozhuāng yíxià.

☐ 이것들을 모두 하나씩 포장해 주세요.

<small>쩌 시에또우야오 이 거 이 거 빠오 쫭</small>
这些都要一个一个包装。
Zhè xiē dōu yào yí ge yí ge bāozhuāng.

☐ 신용카드도 됩니까?

<small>신 용 카 이에쇼우 마</small>
信用卡也收吗？
Xìnyòngkǎ yě shōu ma?

☐ 잔돈이 모자랍니다.

<small>링 치엔 부 꼬우</small>
零钱不够。
Língqián búgòu.

05 쇼핑

□ 거스름돈을 잘못 주셨습니다.

니 자오추어치엔 러
你找错钱了。
Nǐ zhǎo cuò qián le.

□ 색깔이 마음에 안 들어서 교환하고 싶습니다.

이엔 써 부 타이 시 환   워 시앙 환 이 거
颜色不太喜欢，我想换一个。
Yánsè bútài xǐhuan, wǒ xiǎng huàn yí ge.

□ 물건에 하자가 있어서 바꾸려고 합니다.

즈 량 요우 원 티   칭 게이 워 환 이 시아
质量有问题，请给我换一下。
Zhìliàng yǒu wèntí, qǐng gěi wǒ huàn yíxià.

□ 사이즈가 맞지 않습니다.

하오 마 뿌 허 스
号码不合适。
Hàomǎ bù héshì.

들을 말

□ 네. 반품해 드리겠습니다.

하오 더   마 샹 게이 니 투에이후어
好的。马上给你退货。
Hǎo de. Mǎshàng gěi nǐ tuìhuò.

▶ 단어

한국어	중국어 (발음)
쇼핑	购物 / 买东西 (gòuwù / mǎi dōngxi) — 꼬우 우 / 마이 똥 시
아이쇼핑하다	逛商店 (guàng shāngdiàn) — 꽝 상 디엔
백화점	百货大楼 (bǎihuòdàlóu) — 바이후어 따 로우
슈퍼마켓	超市 (chāoshì) — 차오 스
편의점	便利店 (biànlìdiàn) — 삐엔 리 디엔
서점	书店 (shūdiàn) — 슈 디엔
가게	商店 (shāngdiàn) — 상 디엔
매점	小卖部 (xiǎomàibù) — 시아오마이 뿌
노점	摊子 (tānzi) — 탄 즈
장신구	首饰 (shǒushì) — 쇼우 스
특산품	特产品 (tèchǎnpǐn) — 터 찬 핀
디자인	款式 (kuǎnshì) — 콴 스
수공예품	手工艺品 (shǒugōngyìpǐn) — 쇼우 꽁 이 핀
비싸다	贵 (guì) — 꾸에이
공예품	工艺品 (gōngyìpǐn) — 꽁 이 핀
싸다	便宜 (piányi) — 피엔 이
토산품	土产品 (tǔchǎnpǐn) — 투 찬 핀
야시장	夜市 (yèshì) — 이에 스
골동품	古董 (gǔdǒng) — 구 동
사이즈	大小 (dàxiǎo) — 따 시아오

한국어	병음(한글)	중국어	병음
색깔	이엔 써	颜色	yánsè
출시하다	샹 스	上市	shàngshì
유명브랜드	밍 파이	名牌	míngpái
도매	피 파	批发	pīfā
진주	쩐 쭈	珍珠	zhēnzhū
간판	짜오 파이	招牌	zhāopai
인기상품	러 먼 후어	热门货	rèménhuò
물건값을 흥정하다	타오 지아 환 지아	讨价还价	tǎojiàhuánjià
애프터 서비스	쇼우 호우 푸 우	售后服务	shòuhòufúwù
계산대	쇼우 인 타이	收银台	shōuyíntái
포장하다	빠오 쫭	包装	bāozhuāng
정찰제	부 얼 지아	不二价	bú'èrjià
소매	링 쇼우	零售	língshòu
피혁	피 거	皮革	pígé
다이아몬드	쭈안 스	钻石	zuànshí
유행하다	리우 씽 / 스 마오	流行 / 时髦	liúxíng / shímáo
할인하다	다 저	打折	dǎzhé
값을 내리다	지엔 지아	减价	jiǎnjià
피팅룸	스 이 지엔	试衣间	shìyījiān
쇼핑백	꼬우 우 따이	购物袋	gòuwùdài

제06장

편의시설

이용하기

전화하기, 우체국 이용, 환전하기

06 편의시설 이용하기

전화하기, 우체국 이용, 환전하기

🗣 할 말

□ 여보세요! 마 선생님 좀 부탁합니다.

웨이 　 워 자오 마 시엔 셩
喂！我找马先生。
Wèi! Wǒ zhǎo Mǎ xiānsheng.

□ 마 선생님 계십니까?

마 시엔 셩 짜이 마
马先生在吗？
Mǎ xiānsheng zài ma?

👂 들을 말

□ 누구십니까?

닌 스 나 이 웨이
您是哪一位？
Nín shì nǎ yí wèi?

□ 누구 찾으세요?

닌 자오셰이
您找谁？
Nín zhǎo shéi?

□ 잠시만 기다려 주십시오.

칭 샤오 덩 이 시아
请稍等一下。
Qǐng shāo děng yíxià.

06 편의시설 이용하기

□ 지금 자리에 안 계십니다.

시엔짜이 타 부 짜이
现在他不在。
Xiànzài tā bú zài.

할 말

□ 잠시 후에 다시 걸겠습니다.

워 따이 후-얼 짜이 다
我待会儿再打。
Wǒ dāihuìr zài dǎ.

들을 말

□ 연락처를 남겨 주세요.

칭 리우시아 닌 더 띠엔 화 하오 마
请留下您的电话号码。
Qǐng liúxià nín de diànhuàhàomǎ.

할 말

□ 들어오면 전화 좀 해 달라고 전해 주세요.

칭 주완까오 타 후에이라이호우게이 워 다 띠엔 화
请转告他回来后给我打电话。
Qǐng zhuǎngào tā huílai hòu gěi wǒ dǎ diànhuà.

06 편의시설 이용하기

🎧 들을 말

- 지금 통화 중입니다. 좀 기다려 주세요.

  시엔짜이 타 통 띠엔 화 칭 덩 이 시아
  现在他通电话，请等一下。
  Xiànzài tā tōng diànhuà, qǐng děng yíxià.

👄 할 말

- 죄송합니다. 잘못 걸었네요.

  뚜에이 부 치 워 다 추어 러
  对不起，我打错了。
  Duìbuqǐ, wǒ dǎ cuò le.

- 공중전화는 어디에 있습니까?

  꽁 용 띠엔 화 짜이 나-알
  公用电话在哪儿？
  Gōngyòngdiànhuà zài nǎr?

- 전화카드는 어디서 살 수 있나요?

  띠엔 화 카 짜이 나-알 마이
  电话卡在哪儿买？
  Diànhuàkǎ zài nǎr mǎi?

- 국제전화를 걸고 싶습니다.

  워 야오 다 거 구어 지 띠엔 화
  我要打个国际电话。
  Wǒ yào dǎ ge guójìdiànhuà.

06 편의시설 이용하기

- 이 전화로 국제전화를 걸 수 있습니까?

    쩌 거 띠엔 화 커 이 다 구어 지 띠엔 화 마
    这个电话可以打国际电话吗？
    Zhè ge diànhuà kěyǐ dǎ guójìdiànhuà ma?

- 한국으로 전화를 걸고 싶습니다.

    워 야오 왕 한 구어 다 띠엔 화
    我要往韩国打电话。
    Wǒ yào wǎng Hánguó dǎ diànhuà.

- (한국에 거는) 국제전화는 1분에 얼마입니까?

    (따오 한 구어 더)구어 지 띠엔 화 메이 이 펀 쫑 뚜어샤오치엔
    (到韩国的)国际电话每一分钟多少钱？
    (Dào Hánguó de)Guójì diànhuà měi yì fēnzhōng duōshao qián?

- 계속 통화 중입니다.

    이 즈 짠 시엔
    一直占线。
    Yìzhí zhànxiàn.

- 불통입니다(전화를 받지 않습니다).

    다 부 통 (메이 런 지에)
    打不通(没人接)。
    Dǎ bu tōng(méi rén jiē).

- 전화카드는 심야할인이 됩니까?

    띠엔 화 카 완 샹 스 얼 디엔 이 호우 다 저 마
    电话卡晚上十二点以后打折吗？
    Diànhuàkǎ wǎnshang shí'èr diǎn yǐhòu dǎzhé ma?

06 편의시설 이용하기

들을 말

☐ 네. 전화카드를 이용하시는 것이 더 쌉니다.

스　　용 띠엔 화 카 껑 피엔 이
是。用电话卡更便宜。
Shì. Yòng diànhuàkǎ gèng piányi.

할 말

☐ 우체국은 어디에 있습니까?

요우 쥐 짜이 나-알
邮局在哪儿?
Yóujú zài nǎr?

☐ 우체통은 어디에 있습니까?

요우 통 짜이 나-알
邮筒在哪儿?
Yóutǒng zài nǎr?

☐ 우체국은 몇 시부터 몇 시까지 합니까?

요우 쥐 더 꽁 쭈어 스 지엔 총　지 디엔따오 지 디엔
邮局的工作时间从几点到几点?
Yóujú de gōngzuò shíjiān cóng jǐ diǎn dào jǐ diǎn?

☐ 이 소포를 한국으로 보내려고 합니다.

워 야오 바 쩌 거 빠오구어 찌 따오 한 구어
我要把这个包裹寄到韩国。
Wǒ yào bǎ zhè ge bāoguǒ jìdào Hánguó.

□ 항공편으로 보내 주십시오.

칭 용 항 콩 찌
请用航空寄。
Qǐng yòng hángkōng jì.

들을 말

□ 무게를 재 봐야겠어요.

야오 칸 이 칸 타 더 쫑 량
要看一看它的重量。
Yào kàn yi kàn tā de zhòngliàng.

할 말

□ 선편은 요금이 얼마입니까?

용 찬 윈 뚜어샤오치엔
用船运多少钱?
Yòng chuán yùn duōshao qián?

□ 소포가 며칠 안에 도착할 수 있습니까?

빠오구어 지 티엔 커 이 따오
包裹几天可以到?
Bāoguǒ jǐ tiān kěyǐ dào?

□ 한국에 도착하는 데 얼마나 걸립니까?

따오 한 구어야오뚜어지우
到韩国要多久?
Dào Hánguó yào duō jiǔ?

06 편의시설 이용하기

□ **우표는 어디에서 삽니까?**

나-알 마이요우피아오
哪儿买邮票？
Nǎr mǎi yóupiào?

□ **5위엔짜리 우표를 주십시오.**

칭 게이 워 우 콰이 더 요우피아오
请给我五块的邮票。
Qǐng gěi wǒ wǔ kuài de yóupiào.

🎧 들을 말

□ **편지봉투에 주소를 정확히 적어 주세요.**

칭 짜이 씬 펑 샹 바 띠 즈 시에 칭 추
请在信封上把地址写清楚。
Qǐng zài xìnfēng shang bǎ dìzhǐ xiě qīngchu.

👄 할 말

□ **엽서 5장만 주세요.**

칭 게이 워 우 장 밍 씬 피엔
请给我五张明信片。
Qǐng gěi wǒ wǔ zhāng míngxìnpiàn.

06 편의시설 이용하기

🎧 들을 말

☐ (소포로) 부치는 것은 무엇입니까?

　　찌 더 스 션 머 뚱 시
　　寄的是什么东西?
　　Jì de shì shénme dōngxi?

👄 할 말

☐ 책(옷)입니다.

　　스 슈 지 (이 푸)
　　是书籍(衣服)。
　　Shì shūjí(yīfu).

🎧 들을 말

☐ 포장을 다시 하셔야겠습니다.

　　야오 총 신 빠오 좡
　　要重新包装。
　　Yào chóngxīn bāozhuāng.

👄 할 말

☐ 은행이 어디에 있습니까?

　　인 항 짜이 나-알
　　银行在哪儿?
　　Yínháng zài nǎr?

06 편의시설 이용하기

□ 환전은 어느 창구에서 합니까?

짜이 나 거 촹 코우꼬우에이 환
在哪个窗口兑换？
Zài nǎ ge chuāngkǒu duìhuàn?

🎧 들을 말

□ 4번 창구로 가시면 됩니다.

짜이 쓰 하오 촹 코우
在四号窗口。
Zài sì hào chuāngkǒu.

□ 무엇을 도와드릴까요?

닌 쉬 야오 션 머 빵 망
您需要什么帮忙？
Nín xūyào shénme bāngmáng?

👄 할 말

□ 계좌를 개설하고 싶습니다.

워 시앙카이 후 토우
我想开户头。
Wǒ xiǎng kāi hùtóu.

□ 달러를 인민폐로 바꿔 주십시오.

칭 바 메이진 환 청 런 민 삐
请把美金换成人民币。
Qǐng bǎ Měijīn huànchéng Rénmínbì.

06 편의시설 이용하기

🎧 들을 말

□ 얼마나 바꾸실 거죠?

니 야오 환 뚜어샤오치엔
你要换多少钱？
Nǐ yào huàn duōshao qián?

👄 할 말

□ 1000달러 바꿔 주십시오.

환 이 치엔메이 진
换一千美金。
Huàn yì qiān Měijīn.

🎧 들을 말

□ 여권을 주시고, 용지에 기입해 주세요.

시엔 추 스 후 짜오 란 호우 바 쩌 거 딴 즈 티엔 이 시아
先出示护照，然后把这个单子填一下。
Xiān chūshì hùzhào, ránhòu bǎ zhè ge dānzi tián yíxià.

👄 할 말

□ 오늘 환율은 어떻게 됩니까?

찐 티엔 더 후에이 뤼 스 뚜어샤오
今天的汇率是多少？
Jīntiān de huìlǜ shì duōshao?

06 편의시설 이용하기

□ 다른 나라 화폐도 바꿀 수 있나요?

<small>비에 더 후어 삐 커 이 환 마</small>
别的货币可以换吗?
Biéde huòbì kěyǐ huàn ma?

□ 그럼 한국 화폐도 바꿀 수 있나요?

<small>나 머 한 삐이에 커 이 환 마</small>
那么韩币也可以换吗?
Nàme Hánbì yě kěyǐ huàn ma?

≥⦿ 들을 말

□ 죄송합니다. 한국 돈은 바꿀 수 없습니다.

<small>뚜에이 부 치 한 삐 뿌 넝 뚜에이 환</small>
对不起, 韩币不能兑换。
Duìbuqǐ, Hánbì bù néng duìhuàn.

□ 여기에 서명해 주십시오.

<small>칭 짜이 쩌-얼 치엔 밍</small>
请在这儿签名。
Qǐng zài zhèr qiānmíng.

▶단어

한국어	중국어 (발음)
공중전화	公用电话 gōngyòngdiànhuà (공 용 띠엔 화)
전화부스	电话亭 diànhuàtíng (띠엔 화 팅)
휴대전화	手机 shǒujī (쇼우 지)
전화를 걸다	打电话 dǎ diànhuà (다 띠엔 화)
전화를 끊다	挂电话 guà diànhuà (꽈 띠엔 화)
국제전화	国际电话 guójìdiànhuà (구어 지 띠엔 화)
전화카드	电话磁卡 diànhuàcíkǎ (띠엔 화 츠 카)
콜렉트콜	对方负费 duìfāng fùfèi (뚜에이 팡 푸 페이)
전화번호	电话号码 diànhuàhàomǎ (띠엔 화 하오 마)
국가번호	国家号码 guójiāhàomǎ (구어 지아 하오 마)
지역번호	地区号 dìqūhào (띠 취 하오)
시외전화	长途电话 chángtúdiànhuà (창 투 띠엔 화)
시내전화	市内电话 shìnèidiànhuà (스 네이 띠엔 화)
통화중	占线 zhànxiàn (짠 시엔)
팩스	传真 chuánzhēn (촨 쩐)
우체국	邮局 yóujú (요우 쥐)
기념우표	纪念邮票 jìniànyóupiào (지 니엔 요우 피아오)
편지봉투	信封 xìnfēng (씬 펑)
주소	地址 dìzhǐ (띠 즈)
우편번호	邮政编码 yóuzhèngbiānmǎ (요우 쩡 삐엔 마)

한국어	중국어 (병음)	한국어	중국어 (병음)
속달	콰이 씬 **快信** kuàixìn	일반우편	푸 통 요우 지엔 **普通邮件** pǔtōngyóujiàn
항공우편	항 콩 요우 지엔 **航空邮件** hángkōngyóujiàn	우표를 붙이다	티에 요우 피아오 **贴邮票** tiē yóupiào
송장	윈 딴 **运单** yùndān	발신인	찌 씬 런 **寄信人** jìxìnrén
수신인	쇼우 씬 런 **收信人** shōuxìnrén	중량초과	차오 쭝 **超重** chāozhòng
은행	인 항 **银行** yínháng	계좌를 개설하다	카이 후 토우 **开户头** kāi hùtóu
환전	환 치엔 **换钱** huànqián	화폐	후어 삐 **货币** huòbì
동전	잉 삐 **硬币** yìngbì	지폐	차오 피아오 **钞票** chāopiào
위조 지폐	지아 차오 **假钞** jiǎchāo	환율	후에이 뤼 **汇率** huìlǜ
여행자수표	뤼 씽 즈 피아오 **旅行支票** lǚxíngzhīpiào	현금	시엔 진 **现金** xiànjīn
돈을 찾다	취 치엔 **取钱** qǔqián	예금하다	춘 치엔 **存钱** cúnqián

이자	利息 lìxī	예금통장	存折 cúnzhé
자동현금 인출기	自动提款机 zìdòngtíkuǎnjī	비밀번호	密码 mìmǎ
수수료	手续费 shǒuxùfèi	신분증	身份证 shēnfènzhèng

꾸에이린의 산수는 천하제일이다

<ruby>桂<rt>꾸에이</rt></ruby> <ruby>林<rt>린</rt></ruby> <ruby>山<rt>샨</rt></ruby> <ruby>水<rt>슈에이</rt></ruby><ruby>甲<rt>지아</rt></ruby><ruby>天<rt>티엔</rt></ruby><ruby>下<rt>시아</rt></ruby>
桂林山水甲天下
Guìlín shānshuǐ jiǎ tiānxià

하늘에는 천당이 있고 땅에는 항저우와 쑤저우가 있다

<ruby>上<rt>샹</rt></ruby><ruby>有<rt>요우</rt></ruby><ruby>天<rt>티엔</rt></ruby> <ruby>堂<rt>탕</rt></ruby>，<ruby>下<rt>시아</rt></ruby><ruby>有<rt>요우</rt></ruby> <ruby>苏<rt>쑤</rt></ruby> <ruby>杭<rt>항</rt></ruby>
上有天堂，下有苏杭
Shàng yǒu tiāntáng, xià yǒu sūháng

제07장

관광

관광지 찾아가기, 버스 대절하기, 박물관 가기

07 관광

관광지 찾아가기, 버스 대절하기, 박물관 가기

🗣 할 말

□ 관광 안내소가 어디에 있나요?

뤼 요우 쉰 원 추 짜이 나-알
旅游询问处在哪儿?
Lǚyóu xúnwènchù zài nǎr?

□ 시내지도 있습니까?

요우 스 네이 띠 투 마
有市内地图吗?
Yǒu shìnèi dìtú ma?

□ 이곳의 유명한 관광지는 어디입니까?

쩌-얼 요우 션 머 쭈 밍 더 관 광 띠 취
这儿有什么著名的观光地区?
Zhèr yǒu shénme zhùmíng de guānguāng dìqū?

□ 이곳의 볼만한 곳 좀 소개해 주십시오.

찌에샤오 이 시아 쩌 리 즈 더 요우란 더 띠 팡
介绍一下这里值得游览的地方。
Jièshào yíxià zhèlǐ zhíde yóulǎn de dìfang.

□ 베이징 일일투어를 하고 싶은데요.

워 시앙 찬 지아베이 징 이 르 요우
我想参加北京一日游。
Wǒ xiǎng cānjiā Běijīng yīrìyóu.

□ 시내투어 코스가 있습니까?

요우 스 네이 관 광 뤼 요우 마
有市内观光旅游吗?
Yǒu shìnèi guānguāng lǚyóu ma?

07 관광

🎧 들을 말

☐ 네. 하루에 두 번 있습니다.

<small>요우　메이티엔 량 츠</small>
有。每天两次。
Yǒu. Měitiān liǎng cì.

👄 할 말

☐ 몇 시에 출발합니까?

<small>지 디엔 파 처</small>
几点发车?
Jǐ diǎn fāchē?

🎧 들을 말

☐ 오전 8시와 오후 1시에 출발합니다.

<small>샹 우 빠 디엔 허 시아 우 이 디엔</small>
上午八点和下午一点。
Shàngwǔ bā diǎn hé xiàwǔ yī diǎn.

👄 할 말

☐ 몇 시까지 가면 됩니까?

<small>지 디엔 지 허</small>
几点集合?
Jǐ diǎn jíhé?

07 관광

- 투어비용은 1인당 얼마입니까?

  퇀 페이메이 런 뚜어샤오치엔
  团费每人多少钱？
  Tuánfèi měi rén duōshao qián?

🎧 들을 말

- 식사를 포함해서 200위엔입니다.

  빠오 찬 량 바이콰이
  包餐两百块。
  Bāocān liǎngbǎi kuài.

👄 할 말

- 입장료가 포함된 가격인가요?

  빠오쿠어 먼 피아오 더 마
  包括门票的吗？
  Bāokuò ménpiào de ma?

- 베이징에는 어떤 명승고적이 있나요?

  베이 징 요우 션 머 밍 셩 구 지
  北京有什么名胜古迹？
  Běijīng yǒu shénme míngshèng gǔjì?

- 내일 오전 8시 투어로 예약하겠습니다.

  워 야오 띵 밍 티엔자오 샹 빠 디엔 더
  我要订明天早上八点的。
  Wǒ yào dìng míngtiān zǎoshang bā diǎn de.

07 관광

- 택시를 하루 대절하는 데 얼마입니까?

  <small>추 쭈 처 빠오 이 티엔뚜어샤오치엔</small>
  出租车包一天多少钱?
  Chūzūchē bāo yì tiān duōshao qián?

- 정상까지 걸어서 얼마나 걸립니까?

  <small>따오 샨 딩 조우 루 야오뚜어 창 스 지엔</small>
  到山顶走路要多长时间?
  Dào shāndǐng zǒulù yào duōcháng shíjiān?

- 산에 올라가는 케이블카가 있나요?

  <small>요우메이요우 샹 샨 더 란 처</small>
  有没有上山的缆车?
  Yǒu méiyǒu shàng shān de lǎnchē?

- 케이블카를 타는 데 얼마입니까?

  <small>쭈어 란 처 야오뚜어샤오치엔</small>
  坐缆车要多少钱?
  Zuò lǎnchē yào duōshao qián?

- 유람선은 어디서 탑니까?

  <small>요우 촨 짜이 나-알 쭈어</small>
  游船在哪儿坐?
  Yóuchuán zài nǎr zuò?

- 여기 구경하는 데 얼마나 걸립니까?

  <small>찬 관 쩌 리 쉬 야오뚜어 창 스 지엔</small>
  参观这里需要多长时间?
  Cānguān zhèlǐ xūyào duōcháng shíjiān?

07 관광

□ 자전거를 대여하는 곳은 어디입니까?

짜이 나-알 쭈 쯔 싱 처
在哪儿租自行车?
Zài nǎr zū zìxíngchē?

□ 박물관은 어떻게 갑니까?

보 우 관 쩐 머 조우
博物馆怎么走?
Bówùguǎn zěnme zǒu?

□ 매표소는 어디에 있습니까?

쇼우피아오 추 짜이 나-알
售票处在哪儿?
Shòupiàochù zài nǎr?

□ 박물관 개관시간은 몇 시입니까?

보 우 관 지 디엔카이 먼
博物馆几点开门?
Bówùguǎn jǐ diǎn kāimén?

□ 몇 시에 문을 닫습니까?

션 머 스 호우 관 먼
什么时候关门?
Shénme shíhou guānmén?

□ 입장료는 얼마입니까?

먼 피아오뚜어샤오치엔
门票多少钱?
Ménpiào duōshao qián?

07 관광

☐ 학생 할인은 되나요?

요우 쉬에 셩 요우후에이 마
有学生优惠吗?
Yǒu xuésheng yōuhuì ma?

☐ 입장권 2장 주십시오.

마이 량 장 먼 피아오
买两张门票。
Mǎi liǎng zhāng ménpiào.

☐ 어디에서부터 관람을 시작합니까?

총 나-알 카이 스 찬 관
从哪儿开始参观?
Cóng nǎr kāishǐ cānguān?

☐ 무료 안내책자가 있습니까?

요우메이요우미엔페이슈어 밍 슈
有没有免费说明书?
Yǒu méiyǒu miǎnfèi shuōmíngshū?

☐ 가이드 헤드폰을 하나 빌리는 데 얼마입니까?

찌에 이 거 다오요우 얼 지 뚜어샤오치엔
借一个导游耳机多少钱?
Jiè yí ge dǎoyóu ěrjī duōshao qián?

☐ 사진을 찍어도 됩니까?

커 이 짜오시앙 마
可以照相吗?
Kěyǐ zhàoxiàng ma?

07 관광

□ 사진 한 장만 찍어 주시겠습니까?

<small>칭 빵 워 짜오 장 시앙 하오 마</small>
请帮我照张相好吗?
Qǐng bāng wǒ zhào zhāng xiàng hǎo ma?

□ 누르기만 하면 됩니다.

<small>이 언 찌우 씽 러</small>
一摁就行了。
Yí èn jiù xíng le.

□ 전신사진으로 찍어 주세요.

<small>짜오취엔 션 시앙 바</small>
照全身相吧。
Zhào quánshēnxiàng ba.

□ 우리 둘이 같이 사진 한 장 찍는 게 어때요?

<small>워 먼 리아 이 치 짜오 거 시앙 바</small>
我们俩一起照个相吧。
Wǒmen liǎ yìqǐ zhào ge xiàng ba.

□ 우리 기념사진 한 장 찍읍시다.

<small>웨이 러 리우 거 지 니엔   워 먼 짜오 거 허 잉</small>
为了留个纪念，我们照个合影。
Wèile liú ge jìniàn, wǒmen zhào ge héyǐng.

□ 이곳은 비디오 촬영이 허용된 곳입니까?

<small>쩌-얼 커 이 셔 시앙 마</small>
这儿可以摄像吗?
Zhèr kěyǐ shèxiàng ma?

07 관광

□ 필름 한 통 주세요.

　게이 워 이 거 지아오 쥐-얼
　给我一个胶卷儿。
　Gěi wǒ yí ge jiāojuǎnr.

□ 필름을 현상해 주세요.

　칭 총 시 이 시아지아오 쥐-얼
　请冲洗一下胶卷儿。
　Qǐng chōngxǐ yíxià jiāojuǎnr.

□ 특산품 가게는 어디에 있습니까?

　투 찬 핀 상 디엔짜이 나-알
　土产品商店在哪儿?
　Tǔchǎnpǐn shāngdiàn zài nǎr?

□ 이곳의 풍경은 정말 아름답습니다.

　쩌-얼 더 펑 광 쩐 메이
　这儿的风光真美。
　Zhèr de fēngguāng zhēn měi.

들을 말

□ 이렇게 아름다운 풍경은 중국에서만 볼 수 있습니다.

　쩌 머 메이 더 펑 징 짜이 쭝 구어 두 이 우 얼 더
　这么美的风景在中国独一无二的。
　Zhème měi de fēngjǐng zài Zhōngguó dúyī-wú'èr de.

07 관광

할 말

□ 정말 멋진데요. 이런 풍경은 어디서도 볼 수가 없어요.

쩐 피아오 량　쩌 시에 펑 징 나-알 이에 칸 부 따오
真漂亮！这些风景哪儿也看不到。
Zhēn piàoliang! Zhè xiē fēngjǐng nǎr yě kàn bu dào.

□ 다음에 꼭 한 번 다시 오겠습니다.

시아 츠 이 딩 야오짜이라이
下次一定要再来。
Xià cì yídìng yào zài lái.

들을 말

□ 이곳은 별도로 입장료를 내야 합니다.

쩌-얼　링 와이 쉬 야오 먼 피아오
这儿另外需要门票。
Zhèr lìngwài xūyào ménpiào.

할 말

□ 이 도시의 지도를 한 장 사고 싶습니다.

워 시앙마이 쩌 거 청 스 더 띠 투
我想买这个城市的地图。
Wǒ xiǎng mǎi zhè ge chéngshì de dìtú.

□ 이 관광지의 소책자를 얻을 수 있을까요?

요우메이요우 쩌-얼　더 시아오 처 즈
有没有这儿的小册子？
Yǒu méiyǒu zhèr de xiǎo cèzi?

▶단어

한국어	중국어 (병음)	한국어	중국어 (병음)
관광	观光 guānguāng	명승고적	名胜古迹 míngshèngǔjì
유적	遗迹 yíjì	가이드	导游 dǎoyóu
놀이공원	游乐园 yóulèyuán	박물관	博物馆 bówùguǎn
미술관	美术馆 měishùguǎn	동물원	动物园 dòngwùyuán
공원	公园 gōngyuán	입장권	门票 ménpiào
무료	免费 miǎnfèi	관광버스	观光巴士 guānguāngbāshì
집합시간	集合时间 jíhé shíjiān	참관하다	参观 cānguān
입구	门口 ménkǒu	여행사	旅行社 lǚxíngshè
선글라스	太阳镜 tàiyángjìng	날씨	天气 tiānqì
사우나	桑拿浴 sāngnáyù	풍경	风景 fēngjǐng

한국어	중국어 (병음)	한국어	중국어 (병음)
소책자	小册子 xiǎocèzi (시아오 처 즈)	지도	地图 dìtú (띠 투)
출발하다	发车 fāchē (파 처)	사진 찍다	照相 zhàoxiàng (짜오 시앙)
필름	胶卷儿 jiāojuǎnr (지아오쥐-얼)	(필름을) 현상하다	冲洗 chōngxǐ (총 시)
플래시	闪光 shǎnguāng (샨 광)	셔터	快门 kuàimén (콰이 먼)
건전지	电池 diànchí (띠엔 츠)	촬영하다	摄像 shèxiàng (셔 시앙)
단체 사진	合影 héyǐng (허 잉)	촬영금지	禁止拍照 jìnzhǐ pāizhào (찐 즈 파이짜오)

제08장

중국 친구 사귀기

중국 가정 방문

08 중국 친구 사귀기

중국 가정 방문

할 말

□ 만나서 반갑습니다.

찌엔따오 니 헌 까오 씽
见到你很高兴。
Jiàndào nǐ hěn gāoxìng.

□ 정말 오래간만입니다.

하오지우 부 지엔 러
好久不见了。
Hǎojiǔ bújiàn le.

□ 요즘 어떻게 지내십니까?

쭈에이 찐 꾸어 더 쩐 머 양
最近过得怎么样?
Zuìjìn guò de zěnmeyàng?

□ 덕분에 모두 건강합니다.

투어 닌 더 푸   또우찌엔 캉
托您的福,都健康。
Tuō nín de fú, dōu jiànkāng.

□ 저 분은 누구십니까?

타 스 셰이
他是谁?
Tā shì shéi?

□ 처음 뵙겠습니다.

추 츠 찌엔미엔
初次见面。
Chūcì jiànmiàn.

08 중국 가정 방문

□ 만나서 반갑습니다.

런 스 니 헌 까오 씽
认识你很高兴。
Rènshi nǐ hěn gāoxìng.

□ 잘 부탁 드립니다.

칭 뚜어 관 자오
请多关照。
Qǐng duō guānzhào.

□ 당신의 이름은 무엇입니까?

니 찌아오 션 머 밍 즈
你叫什么名字?
Nǐ jiào shénme míngzi?

□ 이것은 제 명합입니다.

쩌 스 워 더 밍 피엔
这是我的名片。
Zhè shì wǒ de míngpiàn.

들을 말

□ 당신은 중국에 처음 오셨습니까?

니 띠 이 츠 라이 쭝 구어 마
你第一次来中国吗?
Nǐ dì yī cì lái Zhōngguó ma?

08 중국 가정 방문

😀 할 말

□ 예. 처음입니다.

_{스 띠 이 츠 라이}
是第一次来。
Shì dì yī cì lái.

□ 사업차 몇 번 왔었습니다.

_{웨이 러 탄 성 이   라이구어하오 지 츠}
为了谈生意，来过好几次。
Wèile tán shēngyi, lái guò hǎo jǐ cì.

👂 들을 말

□ 중국어 할 줄 아십니까?

_{니 후에이슈어 한 위 마}
你会说汉语吗？
Nǐ huì shuō Hànyǔ ma?

😀 할 말

□ 조금 할 줄 압니다.

_{후에이 이 디-얼}
会一点儿。
Huì yìdiǎnr.

08 중국 가정 방문

들을 말

□ 당신 정말 중국어를 잘하시네요.

<small>니 슈어 한 위 슈어 더 부 추어</small>
你说汉语说得不错。
Nǐ shuō Hànyǔ shuō de búcuò.

할 말

□ 아닙니다. 아직 멀었습니다.

<small>나-알 아　　하이 차 더 위엔 너</small>
哪儿啊，还差得远呢。
Nǎr a, hái chà de yuǎn ne.

□ 저는 중국어를 잘 못합니다.

<small>워 한 위 슈어 더 부 타이하오</small>
我汉语说得不太好。
Wǒ Hànyǔ shuō de bútài hǎo.

□ 천천히 말씀해 주십시오.

<small>칭 슈어 더 만 이 디-얼</small>
请说得慢一点儿。
Qǐng shuō de màn yìdiǎnr.

□ 다시 한 번 말씀해 주십시오.

<small>칭 짜이슈어 이 비엔</small>
请再说一遍。
Qǐng zài shuō yí biàn.

08 중국 가정 방문

들을 말

□ 당신의 직업은 무엇입니까?

니 쭈어 션 머 꽁 쭈어
你做什么工作?
Nǐ zuò shénme gōngzuò?

할 말

□ 저는 학생(교사/샐러리맨)입니다.

워 스 쉬에 셩 (라오 스 샹 빤 주)
我是学生(老师/上班族)。
Wǒ shì xuésheng(lǎoshī / shàngbānzú).

들을 말

□ 중국 여행은 즐거우세요?

쭝 구어 뤼 요우 와-알 더 카이 씬 마
中国旅游玩儿得开心吗?
Zhōngguó lǚyóu wánr de kāixīn ma?

□ 저희 집에 오신 것을 환영합니다.

환 잉 라이따오 워 지아
欢迎来到我家。
Huānyíng lái dào wǒ jiā.

08 중국 가정 방문

할 말

□ 이렇게 초대해 주셔서 감사합니다.

씨에시에 닌 더 야오 칭
谢谢您的邀请。
Xièxie nín de yāoqǐng.

들을 말

□ 편히 앉으세요.

칭 쑤에이비엔쭈어
请随便坐。
Qǐng suíbiàn zuò.

할 말

□ 여기에 앉아도 될까요?

워 커 이 짜이 쩌-얼 쭈어 마
我可以在这儿坐吗?
Wǒ kěyǐ zài zhèr zuò ma?

□ 담배를 피워도 됩니까?

워 커 이 시 이엔 마
我可以吸烟吗?
Wǒ kěyǐ xīyān ma?

08 중국 가정 방문

□ 창문 좀 열어도 되겠습니까?

촹 후 커 부 커 이 다 카이
窗户可不可以打开？
Chuānghu kě bu kěyǐ dǎkāi?

□ 이렇게 해도 됩니까?

쩌 양 쭈어 씽 뿌 씽
这样做行不行？
Zhè yàng zuò xíng bu xíng?

□ 음식이 아주 맛있습니다.

니 쭈어 더 차이 쩐 하오 츠
你做的菜真好吃。
Nǐ zuò de cài zhēn hǎochī.

들을 말

□ 우리 우정을 위하여 건배합시다!

웨이 워 먼 더 요우 이 깐 뻬이
为我们的友谊干杯！
Wèi wǒmen de yǒuyì gānbēi!

□ 한 잔 더 하세요.

뚜어 허 디-얼 바
多喝点儿吧。
Duō hē diǎnr ba.

08 중국 가정 방문

할 말

□ 더 마시면 취할 것 같네요.

짜이 허 워 후에이쭈에이 더
再喝我会醉的。
Zài hē wǒ huì zuì de.

□ 시간이 늦어서 이만 가 보겠습니다.

스 지엔타이 완 러 워 까이조우 러
时间太晚了，我该走了。
Shíjiān tài wǎn le, wǒ gāi zǒu le.

들을 말

□ 접대가 너무 소홀했습니다.

워 먼 메이요우짜오따이하오
我们没有招待好。
Wǒmen méiyǒu zhāodài hǎo.

할 말

□ 오늘 정말 즐거웠습니다.

찐 티엔꾸어 더 헌 위 콰이
今天过得很愉快。
Jīntiān guò de hěn yúkuài.

08 중국 가정 방문

□ 실례가 많았습니다.

마 판 니 러
麻烦你了。
Máfan nǐ le.

□ 폐를 끼쳤습니다.

다 라오 니 러
打扰你了。
Dǎrǎo nǐ le.

□ 그럼 가 보겠습니다. 나오지 마세요.

워 야오조우 러　칭 리우 뿌
我要走了，请留步。
Wǒ yào zǒu le, qǐng liúbù.

들을 말

□ 그럼 조심해서 가십시오.

부 쏭 러　만 조우
不送了，慢走。
Bú sòng le, màn zǒu.

□ 조심해서 가세요.

루　샹 시아오 신
路上小心。
Lùshang xiǎoxīn.

▶단어

조리 형태

기름에 볶다	炒 chǎo (차오)	볶음밥	炒饭 chǎofàn (차오 판)
기름에 튀기다	炸 zhá (자)	후라이드 치킨	炸鸡 zhájī (자 지)
불에 굽다	烤 kǎo (카오)	오리구이	烤鸭 kǎoyā (카오 야)
기름을 두르고 부치다	煎 jiān (지엔)	계란후라이	煎鸡蛋 jiān jīdàn (지엔 지 딴)
찌다	蒸 zhēng (쩡)	양념을 넣고 통째로 찐 갈치	清蒸带鱼 qīngzhēng dàiyú (칭 쩡 따이 위)
무치다	拌 bàn (빤)	무침요리	凉拌菜 liángbàncài (량 빤 차이)
(간장·기름 등으로) 볶다	烧 shāo (샤오)	(붉은색의) 쇠고기볶음	红烧牛肉 hóngshāoniúròu (훙 샤오 니우 로우)
물에 데친 후 양념에 찍어 먹다	涮 shuàn (슈완)	양고기 샤브샤브	涮羊肉 shuànyángròu (슈완 양 로우)

그 밖의 요리

새콤달콤한 소스를 얹은 생선요리	탕 추 위 **糖醋鱼** tángcùyú
마파두부	마 포 또우 푸 **麻婆豆腐** mápódòufu

어향소스로 볶은 채썬 고기요리	위 시앙 로우 쓰 **鱼香肉丝** yúxiāngròusī
닭고기와 땅콩으로 만든 매콤한 요리	꽁 바오 지 딩 **宫保鸡丁** gōngbǎojīdīng

제09장

긴급상황

여권이나 지갑 분실, 길을 잃었을 때, 병원·약국을 찾을 때

09 긴급상황

여권이나 지갑 분실, 길을 잃었을 때, 병원·약국을 찾을 때

할 말

□ 여권(지갑)을 잃어버렸는데, 어떻게 하죠?

워 띠우 러 후 자오(치엔빠오)   쩐 머 빤
我丢了护照(钱包)，怎么办？
Wǒ diū le hùzhào(qiánbāo), zěnme bàn?

들을 말

□ 빨리 공안국에 신고하세요.

콰이 취 꽁 안 쥐 빠오 안 바
快去公安局报案吧。
Kuài qù gōng'ānjú bào'àn ba.

□ 어디에서 잃어버렸습니까?

짜이 나-알 띠우 러
在哪儿丢了？
Zài nǎr diū le?

할 말

□ 택시에 두고 내린 것 같아요.

하오시앙띠우짜이 추 쭈 처 리 러
好像丢在出租车里了。
Hǎoxiàng diū zài chūzūchē lǐ le.

09 긴급상황

들을 말

□ 택시 영수증을 가지고 있나요?

<small>니 요우 쩌 거 추 쭈 처 더 파 피아오 마</small>
你有这个出租车的发票吗?
Nǐ yǒu zhè ge chūzūchē de fāpiào ma?

□ 지갑 안에는 무엇이 들어 있습니까?

<small>치엔빠오 리 요우 션 머 똥 시 너</small>
钱包里, 有什么东西呢?
Qiánbāo lǐ, yǒu shénme dōngxi ne?

할 말

□ 현금 1000위엔과 신용카드, 신분증 등이 있습니다.

<small>요우시엔 진 이 치엔콰이 신 용 카 션 펀 쩡 덩 덩</small>
有现金一千块, 信用卡, 身份证等等。
Yǒu xiànjīn yì qiān kuài, xìnyòngkǎ, shēnfènzhèng děngděng.

□ 신용카드를 중지시켜 주세요.

<small>워 야오띠아오시아오 워 더 신 용 카</small>
我要吊销我的信用卡。
Wǒ yào diàoxiāo wǒ de xìnyòngkǎ.

□ 여권은 어떻게 재발급 받니까?

<small>후 자오 쩐 양 총 신 빤 리</small>
护照怎样重新办理?
Hùzhào zěnyàng chóngxīn bànlǐ?

09 긴급상황

들을 말

□ 한국 영사관에서 발급 받으시면 됩니다.

커 이 취 한 구어 링 스 관 총 신 빤 리
可以去韩国领事馆重新办理。
Kěyǐ qù Hánguó lǐngshìguǎn chóngxīn bànlǐ.

할 말

□ 여권(비자)기간이 곧 만료되는데 어떻게 하죠?

후 짜오(치엔 쩡) 콰이따오 치 러   쩐 머 빤
护照(签证)快到期了，怎么办？
Hùzhào(qiānzhèng) kuài dàoqī le, zěnme bàn?

□ 혹시 여권을 찾으시면 여기로 연락주세요.

자오따오 후 자오 더 화   칭 껀 쩌-얼 리엔 씨 이 시아
找到护照的话，请跟这儿联系一下。
Zhǎodào hùzhào dehuà, qǐng gēn zhèr liánxì yíxià.

□ 살려 주세요!

찌우 밍
救命！
Jiùmìng!

□ 도둑이야!

시아오 토-올
小偷儿！
Xiǎotōur!

09 긴급상황

□ 경찰을 불러 주세요.

칭 찌아오 징 차 라이
请叫警察来。
Qǐng jiào jǐngchá lái.

□ 파출소는 어디에 있습니까?

파이 추 쑤어짜이 나-알
派出所在哪儿?
Pàichūsuǒ zài nǎr?

들을 말

□ 무슨 일이십니까?

요우 션 머 셔-얼
有什么事儿?
Yǒu shénme shìr?

할 말

□ 버스에서 소매치기를 당했습니다.

짜이 빠 스 치엔빠오뻬이토우 러
在巴士钱包被偷了。
Zài bāshì qiánbāo bèi tōu le.

□ 핸드백을 지하철에 놓고 내렸습니다.

워 바 티 빠오 왕 짜이 띠 티에 샹 러
我把提包忘在地铁上了。
Wǒ bǎ tíbāo wàng zài dìtiě shang le.

09 긴급상황

□ 길을 잃었는데 좀 도와주시겠습니까?

워 미 루 러　　칭 빵 빵 망 바
我迷路了，请帮帮忙吧。
Wǒ mílù le, qǐng bāngbāng máng ba.

□ 지금 저는 지도의 어느 위치에 있는 거죠?

워 짜이 띠 투 더 션 머 웨이 즈
我在地图的什么位置？
Wǒ zài dìtú de shénme wèizhì?

들을 말

□ 여기쯤입니다.

따 까이 스 짜이 쩌 리
大概是在这里。
Dàgài shì zài zhèlǐ.

할 말

□ 베이징호텔까지 어떻게 가는 게 가장 좋나요?

따오베이 징　판 디엔 쩐 머 조우쭈에이하오
到北京饭店怎么走最好？
Dào Běijīng fàndiàn zěnme zǒu zuì hǎo?

09 긴급상황

들을 말

□ 10번 버스를 타고 가십시오.

쭈어 스 루 치 처
坐十路汽车。
Zuò shí lù qìchē.

□ 택시를 타고 가는 게 가장 안전합니다.

쭈어 추 쭈 처 쭈에이 안 취엔
坐出租车最安全。
Zuò chūzūchē zuì ānquán.

할 말

□ 죄송합니다만, 같이 가 주시겠습니까?

라오지아 페이 워 이 치 조우 하오 마
劳驾，陪我一起走，好吗？
Láojià, péi wǒ yìqǐ zǒu, hǎo ma?

□ 약도를 좀 자세히 그려 주십시오.

칭 게이 워 바 띠 투 즈 시 더 화 이 시아
请给我把地图仔细地画一下。
Qǐng gěi wǒ bǎ dìtú zǐxì de huà yíxià.

□ 길을 잃었는데, 여기가 도대체 어디죠?

워 미 루 러   쩌-얼 따오 디 스 나 리
我迷路了，这儿到底是哪里？
Wǒ mílù le, zhèr dàodǐ shì nǎlǐ?

09 긴급상황

☐ 제가 중국말이 서툽니다. 대신 전화를 좀 해 주시겠습니까?

_{워 한 위 뿌 리우 리 니 빵 워 다 띠엔 화 하오 마}
我汉语不流利，你帮我打电话好吗？
Wǒ Hànyǔ bù liúlì, nǐ bāng wǒ dǎ diànhuà hǎo ma?

☐ 어언대학교가 여기에서 멉니까?

_{위 이엔 따 쉬에 리 쩌-얼 위엔 마}
语言大学离这儿远吗？
Yǔyán dàxué lí zhèr yuǎn ma?

☐ 어두워지기 전에 숙소로 돌아가야 합니다. 도와주세요.

_{티엔헤이 즈 치엔 워 야오후에이 수 셔 취 칭 빵 이 시아 망}
天黑之前我要回宿舍去，请帮一下忙。
Tiān hēi zhīqián wǒ yào huí sùshè qù, qǐng bāng yíxià máng.

☐ 도와주셔서 너무 고맙습니다.

_{씨에시에 니 빵 쭈 워}
谢谢你帮助我。
Xièxie nǐ bāngzhù wǒ.

☐ 이 근처에 병원(약국)이 있습니까?

_{쩌-얼 푸 진 요우 이 위엔(야오 팡) 마}
这儿附近有医院(药房)吗？
Zhèr fùjìn yǒu yīyuàn(yàofáng) ma?

☐ 병원에 좀 데려가 주세요.

_{칭 쏭 워 따오 이 위엔 취}
请送我到医院去。
Qǐng sòng wǒ dào yīyuàn qù.

09 긴급상황

□ 진료 예약은 어디에서 합니까?

짜이 나-알 꽈 하오
在哪儿挂号?
Zài nǎr guàhào?

□ 빨리 의사를 불러 주십시오.

콰이찌아오 이 셩 라이 칸 칸 하오 마
快叫医生来看看好吗?
Kuài jiào yīshēng lái kànkan hǎo ma?

들을 말

□ 어디가 아프십니까?

나-알 뿌 슈 푸
哪儿不舒服?
Nǎr bù shūfu?

할 말

□ 배(머리)가 많이 아픕니다.

뚜 즈(토우) 텅 더 뿌 더 리아오
肚子(头)疼得不得了。
Dùzi(tóu) téng de bùdéliǎo.

□ 감기에 걸린 것 같습니다.

워 하오시앙 간 마오(자오 량) 러
我好象感冒(着凉)了。
Wǒ hǎoxiàng gǎnmào(zháoliáng) le.

09 긴급상황

☐ 설사가 납니다.

<small>라 뚜 즈</small>
拉肚子。
Lā dùzi.

☐ 차를 오래 타서 멀미가 납니다.

<small>쭈어 처 스 지엔타이 창　 워 시엔짜이 윈 처 러</small>
坐车时间太长，我现在晕车了。
Zuòchē shíjiān tài cháng, wǒ xiànzài yùnchē le.

☐ 열이 나고, 목도 아픕니다.

<small>파 샤오　 하이요우 쌍 즈 이에 텅</small>
发烧，还有嗓子也疼。
Fāshāo, hái yǒu sǎngzi yě téng.

☐ 치통약(설사약) 좀 주세요.

<small>게이 워 야 통 야오(즈 시에야오)</small>
给我牙痛药(止泻药)。
Gěi wǒ yátòngyào(zhǐxièyào).

☐ 자전거(말)를 타다가 팔이 부러졌습니다.

<small>치 처 (마) 바 워 더 쇼우슈와이 샹 러</small>
骑车(马)把我的手摔伤了。
Qí chē(mǎ) bǎ wǒ de shǒu shuāi shāng le.

☐ 입원을 해야 하나요?

<small>야오 부 야오 쭈 위엔</small>
要不要住院？
Yào bu yào zhùyuàn?

09 긴급상황

□ 아무래도 병원에 입원해야 할 것 같습니다.

칸 워 더 양 즈 야오 쭈 위엔 러
看我的样子要住院了。
Kàn wǒ de yàngzi yào zhùyuàn le.

□ 약은 어디에서 타나요?

짜이 나-알 커 이 카이야오
在哪儿可以开药?
Zài nǎr kěyǐ kāiyào?

□ 이 약은 하루에 몇 번 먹습니까?

쩌 야오 이 티엔 츠 지 츠
这药一天吃几次?
Zhè yào yì tiān chī jǐ cì?

들을 말

□ 한 번에 두 알 씩, 하루 세 번 복용하세요.

이 티엔 싼 츠 이 츠 량 피엔
一天三次, 一次两片。
Yì tiān sān cì, yí cì liǎng piàn.

할 말

□ 진료비는 얼마입니까?

쯔 리아오페이 뚜어 샤오 치엔
治疗费多少钱?
Zhìliáofèi duōshao qián?

▶단어

한국어	중국어 (병음)	한국어	중국어 (병음)
공안국	公安局 gōng'ānjú (꽁 안 쥐)	분실하다	丢失 diūshī (띠우 스)
대사관	大使馆 dàshǐguǎn (따 스 관)	영사관	领事馆 lǐngshìguǎn (링 스 관)
지갑	钱包 qiánbāo (치엔 빠오)	핸드백	手提包 shǒutíbāo (쇼우 티 빠오)
여권	护照 hùzhào (후 자오)	항공권	机票 jīpiào (지 피아오)
신분증	身份证 shēnfènzhèng (션 펀 쩡)	카메라	照相机 zhàoxiàngjī (짜오 시양 지)
도둑	小偷儿 xiǎotōur (시아오 토-올)	소매치기	扒手 páshǒu (파 쇼우)
비상구	紧急出口 jǐnjíchūkǒu (진 지 추 코우)	조심하다	小心 xiǎoxīn (시아오 신)
치안	治安 zhì'ān (쯔 안)	신고하다	报警 bàojǐng (빠오 징)
길을 잃다	迷路 mílù (미 루)	안내소	询问处 xúnwènchù (쉰 원 추)
지도	地图 dìtú (띠 투)	사거리	十字路口 shízìlùkǒu (스 쯔 루 코우)

한국어	중국어 (발음)
삼거리	丁字路口 dīngzìlùkǒu (띵 쯔 루 코우)
좌(우)회전하다	左(右)转 zuǒ(yòu)zhuàn (주어(요우)쭈완)
실례합니다	请问 qǐngwèn (칭 원)
도와주다	帮忙 bāngmáng (빵 망)
병원	医院 yīyuàn (이 위엔)
약국	药房 yàofáng (야오 팡)
의사	大夫 dàifu (따이 푸)
간호사	护士 hùshi (후 스)
구급차	救护车 jiùhùchē (찌우 후 처)
응급실	急诊室 jízhěnshì (지 전 스)
외래 진찰	门诊 ménzhěn (먼 전)
기침	咳嗽 késou (커 쏘우)
주사를 놓다	打针 dǎ zhēn (다 쩐)
열이 내리다	退烧 tuìshāo (투에이샤오)
차멀미	晕车 yùnchē (윈 처)
내과	内科 nèikē (네이 커)
안과	眼科 yǎnkē (이엔 커)
수술	手术 shǒushù (쇼우 슈)
알레르기	过敏性 guòmǐnxìng (꾸어 민 씽)
혈압	血压 xuèyā (쉬에 야)

두통약	头疼药 tóuténgyào (토우 텅 야오)	감기약	感冒药 gǎnmàoyào (간 마오 야오)
진통제	止痛药 zhǐtòngyào (즈 통 야오)	코피가 나다	流鼻血 liú bíxuè (리우 비 쉬에)
소독약	消毒药 xiāodúyào (시아오 두 야오)	구토하다	呕吐 ǒutù (오우 투)

제10장

귀국

귀국 인사, 비행기표 예약·확인

10 귀국

귀국 인사, 비행기표 예약·확인

할 말

□ 저는 내일 한국으로 돌아갑니다.

밍 티엔 워 야오후에이 한 구어
明天我要回韩国。
Míngtiān wǒ yào huí Hánguó.

□ 그동안 즐거웠습니다.

꾸어 더 페이 창 위 콰이
过得非常愉快。
Guò de fēicháng yúkuài.

□ 이렇게 헤어지게 되서 많이 섭섭합니다.

워 헌 셔 부 더 까오비에
我很舍不得告别。
Wǒ hěn shě bu de gàobié.

□ 중국에 다시 오고 싶을 거예요.

워 후에이화이니엔 쭝 구어
我会怀念中国。
Wǒ huì huáiniàn Zhōngguó.

□ 건강하세요.

쭈 닌 찌엔 캉
祝您健康。
Zhù nín jiànkāng.

□ 많이 도와주셔서 감사합니다.

씨에시에 닌 더 빵 쭈
谢谢您的帮助。
Xièxie nín de bāngzhù.

10 귀국

- 다음에 다시 올 기회가 있을 겁니다.

  시아 츠 컨 딩 요우 지 후에이짜이라이
  下次肯定有机会再来。
  Xià cì kěndìng yǒu jīhuì zài lái.

- 다시 보게 될 날을 기대하겠습니다.

  워 시 왕 워 먼 시아 츠 짜이찌엔
  我希望我们下次再见。
  Wǒ xīwàng wǒmen xià cì zàijiàn.

- 폐만 끼치고 가서 정말 죄송합니다.

  창 라이 다 라오 니 쩐 뿌 하오 이 쓰
  常来打扰你，真不好意思。
  Cháng lái dǎrǎo nǐ, zhēn bùhǎoyìsi.

- 한국에 오신다면 언제든지 대환영입니다.

  환 잉 쑤에이 스 또우라이 한 구어 뤼 씽
  欢迎随时都来韩国旅行。
  Huānyíng suíshí dōu lái Hánguó lǚxíng.

- 편지 주세요.

  칭 니 게이 워 시에 씬 바
  请你给我写信吧。
  Qǐng nǐ gěi wǒ xiě xìn ba.

- 자주 연락합시다.

  뚜어뚜어리엔 씨
  多多联系。
  Duōduō liánxì.

10 귀국

🎧 들을 말

□ 즐거운 여행 되십시오.

_{이 루 순 펑 (이 루 핑 안)}
一路顺风(一路平安)。
Yílù shùnfēng(yílù píng'ān).

👄 할 말

□ 비행기 좌석 예약을 하고 싶습니다.

_{워 야오 띵 빤 지}
我要订班机。
Wǒ yào dìng bānjī.

□ 6월 13일에 빈 좌석이 있습니까?

_{리우위에 스 싼 하오요우쭈어웨이메이요우}
六月十三号有座位没有？
Liù yuè shí sān hào yǒu zuòwèi méiyǒu?

🎧 들을 말

□ 좌석이 있습니다.

_{요우쭈어웨이}
有座位。
Yǒu zuòwèi.

10 귀국

☐ 아니요. 오늘 좌석은 다 찼고, 내일은 좌석이 있습니다.

_{메이요우　찐 티엔 더 또우 만 러　요우 밍 티엔 더}
没有。今天的都满了，有明天的。
Méiyǒu. Jīntiān de dōu mǎn le, yǒu míngtiān de.

😀 할 말

☐ 오전에 출발하는 비행기가 있습니까?

_{요우메이요우 샹 우 치 페이 더 페이 지}
有没有上午起飞的飞机？
Yǒu méiyǒu shàngwǔ qǐfēi de fēijī?

☐ 좌석 예약확인을 하고 싶습니다.

_{워 야오취에 런 이 시아 워 더 지 피아오}
我要确认一下我的机票。
Wǒ yào quèrèn yíxià wǒ de jīpiào.

👂 들을 말

☐ 영문 이름과 출발시간을 말씀해 주세요.

_{칭 까오 쑤 워 닌 더 잉 원 밍 즈 허 치 페이 스 지엔}
请告诉我您的英文名字和起飞时间。
Qǐng gàosu wǒ nín de Yīngwén míngzi hé qǐfēi shíjiān.

☐ 언제 어디로 가는 비행기입니까?

_{지 디엔 취 나 알 더 항 빤}
几点去哪儿的航班？
Jǐ diǎn qù nǎr de hángbān?

10 귀국

할 말

□ 오후 3시 인천행 비행기입니다.

<small>시아 우 싼 디엔페이 왕 런 촨 더 빤 지</small>
下午三点飞往仁川的班机。
Xiàwǔ sān diǎn fēiwǎng Rénchuān de bānjī.

들을 말

□ 손님의 좌석은 이미 예약되어 있습니다.

<small>니 더 쭈어웨이 이 징 띵 하오 러</small>
你的座位已经订好了。
Nǐ de zuòwèi yǐjing dìng hǎo le.

할 말

□ 예약을 변경하고 싶습니다.

<small>워 시앙가이비엔위엔 띵 더 빤 지</small>
我想改变原订的班机。
Wǒ xiǎng gǎibiàn yuándìng de bānjī.

들을 말

□ 어느 비행기입니까?

<small>나 츠 항 빤</small>
哪次航班?
Nǎ cì hángbān?

10 귀국

할 말

□ 항공편 예약을 취소하고 싶습니다.

커 이 투에이 지 피아오 마
可以退机票吗?
Kěyǐ tuì jīpiào ma?

들을 말

□ 언제로 변경하시겠습니까?

니 야오 환 나 이 티엔 더
你要换哪一天的?
Nǐ yào huàn nǎ yì tiān de?

할 말

□ 6월 24일로 변경하겠습니다.

워 야오 환 청 리우위에 얼 스 쓰 하오 더
我要换成六月二十四号的。
Wǒ yào huànchéng liù yuè èrshísì hào de.

□ 하루 늦출 수 있을까요?

커 이 완 이 티엔 마
可以晚一天吗?
Kěyǐ wǎn yì tiān ma?

10 귀국

□ 더 일찍 출발하는 비행기 좌석은 없습니까?

_{자오 디-얼 치 페이 더 항 빤 요우쭈어웨이 마}
早点儿起飞的航班有座位吗？
Zǎo diǎnr qǐfēi de hángbān yǒu zuòwèi ma?

□ 홍콩을 경유하는 비행기는 없습니까?

_{요우메이요우 징 시앙 강 더 페이 지}
有没有经香港的飞机？
Yǒu méiyǒu jīng Xiānggǎng de fēijī?

□ 동방항공의 카운터는 어디입니까?

_{똥 팡 항 콩 떵 지 추 짜이 나-알}
东方航空登记处在哪儿？
Dōngfāng hángkōng dēngjìchù zài nǎr?

□ 탑승수속을 하려고 합니다.

_{워 야오 빤 청 지 쇼우 쉬}
我要办乘机手续。
Wǒ yào bàn chéngjī shǒuxù.

□ 탑승수속은 언제부터 하죠?

_{지 디엔카이 스 빤 떵 지 쇼우 쉬}
几点开始办登机手续？
Jǐ diǎn kāishǐ bàn dēngjī shǒuxù?

들을 말

□ 항공권과 여권을 주십시오.

_{칭 추 스 지 피아오 허 후 자오}
请出示机票和护照。
Qǐng chūshì jīpiào hé hùzhào.

10 귀국

□ 탑승시간을 확인하세요.

칭 닌 취에 런 이 시아 떵 찌 스 지엔
请您确认一下登机时间。
Qǐng nín quèrèn yíxià dēngjī shíjiān.

😃 할 말

□ 탑승구는 몇 번입니까?

떵 지 코우 스 지 하오
登机口是几号?
Dēngjīkǒu shì jǐ hào?

□ 공항세는 어디에서 냅니까?

짜이 나-알 마이 지 창 찌엔 셔 페이
在哪儿买机场建设费?
Zài nǎr mǎi jīchǎng jiànshèfèi?

□ 면세점은 어디에 있습니까?

미엔슈에이디엔짜이 나-알
免税店在哪儿?
Miǎnshuìdiàn zài nǎr?

□ 제 짐을 부치려고 합니다.

워 야오투어 윈 씽 리
我要托运行李。
Wǒ yào tuōyùn xíngli.

□ 제 짐이 중량을 초과했나요?

워 더 씽 리 차오 쭝 러 마
我的行李超重了吗?
Wǒ de xíngli chāozhòng le ma?

10 귀국

🎧 들을 말

□ 출국카드를 작성해 주십시오.

　　칭 티엔하오 추 징 카
　请填好出境卡。
　Qǐng tián hǎo chūjìngkǎ.

👄 할 말

□ 제 짐 좀 올려 주시겠어요?

　　칭 바 워 더 씽 리 팡 샹 취　하오 마
　请把我的行李放上去，好吗?
　Qǐng bǎ wǒ de xíngli fàng shàngqù, hǎo ma?

□ 인천에는 몇 시에 도착하나요?

　　션 머 스 호우따오 런 촨
　什么时候到仁川?
　Shénme shíhou dào Rénchuān?

□ 입국신고서 한 장 주세요.

　　칭 게이 워 이 장 루 징 카
　请给我一张入境卡。
　Qǐng gěi wǒ yì zhāng rùjìngkǎ.

▶단어

귀국	回国 huíguó (후에이구어)
분실증명서	遗失证明书 yíshīzhèngmíngshū (이 스 쩡 밍 슈)
아쉽다	舍不得 shě bu de (셔 부 더)
경유하다	经过 jīngguò (징 구어)
짐을 부치다	托运 tuōyùn (투어 윈)
창가 좌석	靠窗的座位 kào chuāng de zuòwèi (카오 창 더 쭈어 웨이)
순조롭다	顺利 shùnlì (순 리)
몸조심 하십시오	多保重 duō bǎozhòng (뚜어 바오 쭝)
빈 좌석	空位 kòngwèi (쿵 웨이)
수속	手续 shǒuxù (쇼우 쉬)
중량초과	超重 chāozhòng (차오 쭝)
면세점	免税店 miǎnshuìdiàn (미엔슈에이디엔)

힘내라! 독학 중국어 첫걸음 미니북

지은이	다락원 중국어출판부
펴낸이	정규도
펴낸곳	(주)다락원

기획·편집	오혜령, 이상윤
디자인	하태호, 최영란
삽화	양혜진, 김문수, 민효인
녹음	한국어 김수진
	중국어 위하이펑(于海峰), 차오훙메이(曹红梅)

다락원

주소	경기도 파주시 문발로 211
전화	(02)736-2031(내선 250~252 / 내선 430, 435)
팩스	(02)732-2037
출판등록	1977년 9월 16일 제406-2008-000007호

디자인 개정판 Copyright ⓒ 2017, 다락원
저자 및 출판사의 허락 없이 이 책의 일부 또는 전부를 무단 복제·전재·발췌할 수 없습니다. 구입 후 철회는 회사 내규에 부합하는 경우에 가능하므로 구입처에 문의하시기 바랍니다. 분실·파손 등에 따른 소비자 피해에 대해서는 공정거래위원회에서 고시한 소비자 분쟁 해결 기준에 따라 보상 가능합니다. 잘못된 책은 바꿔 드립니다.

본 『힘내라! 독학 중국어 첫걸음』은 『다락원 중국어 첫걸음(2009년 다락원 刊)』의 디자인 개정판 교재로, 내용 상에는 차이가 없음을 알려 드립니다.

www.darakwon.co.kr
· 다락원 홈페이지를 방문하시면 상세한 출판 정보와 함께 동영상 강의, MP3 자료 등 다양한 어학 정보를 얻으실 수 있습니다.
· 다락원 홈페이지에서 "힘내라! 독학 중국어 첫걸음"을 검색하시거나 표지의 QR코드를 스캔하시면 동영상 강의와 MP3 파일 및 관련자료를 이용하실 수 있습니다.